Was Kindern *schmeckt*

Einfach, schnell, abwechslungsreich:
die besten Jeden-Tag-Rezepte

Tausend Kochbücher
auf einer Seite.

küchen|götter.de
powered by GU

DIE BESTEN REZEPTE ZWISCHEN HIMMEL UND ERDE.

Text	Styling & Fotografie
Cornelia Trischberger	**Studio L'EVEQUE Tanja & Harry Bischof**

Für kleine Pasta-Fans **20**

Für Suppenkasper **44**

Für Mini-Veggies **58**

Für Fleischpflänzchen und Meeresforscher **80**

Für Süßmäulchen **106**

Titelbild
Den auf dem Titel abgebildeten »Piccolino-Pastasalat« finden Sie auf Seite 43.

Alltagsküche für Mini-Gourmets

Na klar, kochen für Kinder macht Spaß – aber jeden Tag?

Denn meistens haben doch alle irgendwie Stress! Zum Kochen und Essen bleibt nicht viel Zeit und die lieben Kinderlein sind zudem oft nicht wirklich motivierend (»Wir wollen Spaghetti mit Ketchup!«). Aber Tiefkühlpizza und Fast Food – nein danke! Schließlich möchten Sie für Ihre Kinder nur das Beste, und dazu gehört selbstverständlich gesundes Essen. Genau deshalb möchten wir Ihnen mit diesem Buch ein bisschen kreative Unterstützung anbieten:

▶ mit absolut **alltagstauglichen Gerichten,** die (bis auf ganz wenige Ausnahmen) in maximal 20–30 Minuten auf dem Tisch stehen

▶ mit **gesunden Mahlzeiten,** in denen alles drinsteckt, was Kinder brauchen, um groß und stark zu werden

▶ mit **spannenden Rezepten,** die irgendwie neu, auch mal lustig und vor allem genau auf den Geschmack der kleinen Gourmets ausgerichtet sind

▶ und natürlich mit **vielen, vielen Tipps und Ideen,** die Ihnen die Jeden-Tag-Küche für Kinder erleichtern.

Für uns ist es dabei ganz wichtig, die Bedürfnisse von **Eltern** *und* **Kindern** zu berücksichtigen und unter einen Hut zu bringen. Also gibt's nichts als »Lieblingsessen« – sprich Pasta, Pizza, Burger und Süßigkeiten –, aber eben alle mit **gesunden, frischen und besonders für Kinder geeigneten Zutaten.** Dass der knusprige Nussmix für die Schulpause genau das richtige Gehirnfutter für kleine Mathe-Genies ist, der saftige Puten-Burger prima das Knochenwachstum

fördert und die leckeren Erdbeer-Herzchen zum Nachtisch mit Ahornsirup statt mit Zucker gesüßt sind, müssen die Kids ja nicht unbedingt wissen. Hauptsache, es schmeckt – und Sie, liebe Eltern, Großeltern, Tanten, Onkel und Tagesmütter, haben ein echt **gutes »Koch«-Gewissen!**

Die Rezepte sind hauptsächlich für Schulkinder zwischen sechs und zwölf Jahren konzipiert. Die Angabe »Für 1 kleinen Esser« bedeutet also eine normale Kinderportion. Für alle, die gerade wachsen oder einfach mehr Hunger haben, kann man die Rezepte aber problemlos vergrößern – natürlich auch auf Familiengröße. Oder Sie kochen einfach ein Rezept »Für 2 kleine Esser« für einen »Gutesser«. Ältere Kinder können, wenn sie Lust und Laune haben, auch gerne mithelfen oder – mit etwas Unterstützung – ruhig mal versuchen, ein Essen ganz alleine zuzubereiten: Das schmeckt natürlich gleich doppelt so gut. Und damit auch kleinere Geschwister Spaß beim Essen haben, gibt's bei vielen Rezepten extra Deko- und Serviertipps für »Minis«.

Wir würden uns sehr freuen, wenn wir Ihnen die Alltagsküche mit Kindern ein bisschen erleichtern können – so, dass möglichst keiner mehr rummäkelt, alle ganz zufrieden und mit vollen Bäuchen vom Tisch aufstehen und der Nachwuchs sich langsam aber sicher zu kleinen »Genussessern« entwickelt. Also dann: guten Appetit, viel Spaß beim Kochen und Ausprobieren – und noch mehr Vergnügen beim gemeinsamen Essen.

Gut zu wissen …

1 | Einkaufen

Fast alle in den Rezepten verwendeten Produkte gibt es im Supermarkt. Da gibt es meist auch asiatische Hauptzutaten wie etwa Kokosmilch oder Sojasauce. Ist das nicht der Fall und auch kein Asienladen in der Nähe, können Sie diese Dinge auch im Internet bestellen (z. B. unter www.gourmondc.de). Einige »gesunde« Zutaten gibt es allerdings wirklich nur im Bio-Laden oder Reformhaus. Und falls in einem Rezept doch mal eine eher ungewöhnliche Zutat verwendet wird, finden Sie dazu auch immer einen »Clever-einkaufen«-Tipp.

2 | Süßen

Ganz bewusst sind alle Gerichte nur mit Birnendicksaft, Honig und Ahornsirup gesüßt. Denn diese »natürlichen« Süßungsmittel schmecken nicht nur besonders gut, sondern sind auch noch gesünder. Sie stammen in der Regel aus Bio-Anbau, sind nicht industriell verarbeitet und enthalten viele wertvolle Inhaltsstoffe. Das ist aber nur ein Angebot: Wer das nicht möchte, kann natürlich auch normalen Zucker verwenden.

3 | Trinken

Achten Sie darauf, dass Ihr Kind immer genug trinkt! Unser Körper besteht zu 60–70 % aus Wasser und braucht unbedingt genügend Flüssigkeit, damit der Stoffwechsel funktioniert, Nährstoffe transportiert und Schadstoffe ausgeleitet werden. Wer zu wenig trinkt, wird schnell unkonzentriert und müde – deshalb auch für die Schule immer eine große Trinkflasche einpacken! Meine Empfehlung: natriumarmes, stilles Mineralwasser, das für mehr Geschmack auch mit einem Schuss ungesüßtem Fruchtsaft aufgepeppt werden kann. Unverdünnter Fruchtsaft sollte wegen der Säure kein Dauergetränk sein, Fruchtsäfte mit künstlichem Süßstoff streichen Sie am besten ganz von der Getränkeliste. Und Cola und Limo? Die sollten Sie am besten erst gar nicht zu Hause haben, dann gibt's da schon mal keine Diskussionen. Eine sehr gute und bewährte Abmachung: Softdrinks dürfen im Lokal bestellt werden, wenn die Familie zum Essen ausgeht.

4 | Gemeinsam essen

Gewöhnen Sie Ihre Kinder an gemeinsame Mahlzeiten – und machen Sie das Familienessen zum täglichen Ritual, auf das sich alle freuen. Das fördert die Kommunikation – und es schmeckt einfach am besten, wenn alle am Tisch sitzen. Deshalb ist es oft besser, erst abends »richtig« zu kochen und mittags nur eine Zwischenmahlzeit anzubieten. Wie wichtig Ess-»Kultur« ist, zeigt eine Umfrage unter englischen Schulkindern: Mehr als die Hälfte kannten nur das Allein-vor-dem-Fernseher-Essen, und ein Esstisch war vielen gänzlich unbekannt.

5 | Essprobleme

Fast alle Kinder haben mal »Essmarotten«, wollen nur noch Spaghetti oder Brot ohne alles und auf gar keinen Fall irgend ein Stückchen Obst … Keine Sorge! Meist legt sich das von selbst. Also: Lassen Sie sich von den kleinen Stress-Essern nicht entmutigen, bieten Sie immer wieder etwas Neues an – und kochen und essen Sie selbst so, dass den Kindern irgendwann wieder das Wasser im Mund zusammenläuft.

Noch Fragen, bitte?

Die Antworten: von Mikrowelle bis Vorratshaltung, von Turbo-Essen bis Rezeptvergrößern

Ich komme mittags oft selbst erst kurz vor den Kindern nach Hause. Kann ich da auch mal was vorbereiten?

Bestens geeignet sind natürlich Suppen und Nudelsaucen: Die können Sie ruhig vorkochen, wieder aufwärmen und auch prima einfrieren. Ansonsten lassen sich bei einigen Gerichten auch einzelne Bestandteile schon vorbereiten: z. B. Pellkartoffeln, Salatdressings oder Dips. Und: Ganz spezielle »Clever-vorbereiten«-Tipps finden Sie auch direkt bei vielen Rezepten.

Was kann ich noch tun, damit's schneller geht?

Wenn Sie schon wissen, dass Ihr Zeitbudget knapp ist, wählen Sie am besten ein besonders schnelles Essen. Die Zubereitungszeiten finden Sie bei jedem Rezept. So weit möglich machen Sie dann schon morgens alle nötigen Zutaten startklar und decken auch gleich noch den Tisch. So steht dem Turbo-Essen eigentlich nichts mehr im Weg.

Meine Kinder kommen zu unterschiedlichen Zeiten nach Hause. Wie kann ich das Essen am besten warm halten oder wieder aufwärmen?

Man muss kein großer Fan der Mikrowelle sein – aber beim Aufwärmen ist diese technische Errungenschaft einfach nicht zu schlagen! Ansonsten: Nudeln können Sie gleich in der Sauce warm machen, und Suppen lassen sich sowieso problemlos wieder aufwärmen. Und alles andere, z. B. Fleisch und Fisch, am besten schon mal aufspießen, rollen, füllen oder panieren und dann nur noch schnell portionsweise braten.

Kann ich die Rezepte eigentlich auch »vergrößern« – zum Beispiel, wenn wir Besuch haben oder die Kinder spontan Freunde zum Essen mitbringen?

Gar kein Problem. Sie können alle Rezepte ganz leicht verdoppeln oder verdreifachen, aber auch umgekehrt einfach halbieren. Die Rezepte haben übrigens sowieso keine »Einheitsgröße«: Viele sind für 2 kleine und 1 großen Esser (weil das eine häufige Mittagssituation ist), einige nur für 2 kleine Esser, manche auch speziell für 1 Kind und andere gleich in Familiengröße für 2 kleine und 2 große Esser. Aber wie schon gesagt: Alle Zutatenmengen lassen sich ganz leicht bedarfsgerecht anpassen.

Gibt es ein paar »Vorratstricks«, die mir das alltägliche Küchenleben erleichtern?

Wenn Sie nicht dauernd zum Einkaufen gehen wollen und auch mal spontan etwas ausprobieren möchten, sollten Sie sich unbedingt ein paar Vorräte anlegen. Hier unser Basis-Sortiment:

▶ **Im Vorratsschrank:** Nudeln, Dosentomaten sowie passierte und stückige Tomaten in Flasche oder Dose, Thunfisch, Kokosmilch, Reis, Gemüsebrühe, Zartbitter-Schokolade, Kartoffeln

▶ **Im Kühlschrank:** Parmesan (am Stück), Butter, Eier, Milch, Sahne, Joghurt

▶ **Im Tiefkühlfach:** Erbsen, Fischfilet, Vollkorn-Sandwich-Toast (die Scheiben kann man auch einzeln entnehmen und gefroren rösten), Blätterteig, Früchte (Erdbeeren, Waldbeeren, Himbeeren)

Inka-Müsli

Das gibt Kraft!

Für 2 Frühstücksportionen **150 g Naturjoghurt** mit **2 EL Ahornsirup** (aus Supermarkt oder Bio-Laden) verrühren. **20 g getrocknete ungeschwefelte Aprikosen** fein hacken. **1/2 Banane** (ca. 50 g) schälen und fein würfeln. **1 Orange** dick schälen. Die Fruchtfilets zwischen den Trennhäutchen herausschneiden. Alle Früchte unter den Joghurt mischen. Die Creme auf zwei Schälchen verteilen und mit je **2–3 EL Amaranth-Honig-Pops** (oder anderen Honig-Pops) bestreut servieren.

Gut zu wissen

Amaranth – auch »Inka-Korn« genannt – ist sehr eiweißreich und gilt als optimale Nerven- und Gehirnnahrung (gibt's im Bio-Laden).

Urlaubs-Müsli

Schmeckt nach Sommer und Sonne…

Für 2 Frühstücksportionen **150 g griechischen Sahnejoghurt** mit **1 EL flüssigem Honig** vermischen und auf zwei Schälchen verteilen. Ca. **80 g saftige Früchte der Saison** (z. B. Erdbeeren, Nektarinen, kernlose Trauben oder Pflaumen) waschen, putzen und in feine Scheiben oder Streifen schneiden. Mit je **1–2 EL fein gehackten gemischten Nüssen** auf der Joghurtcreme verteilen.

Clever tauschen

Statt der fein gehackten Nüsse mal **»Chufas-Nüssli«** probieren: Das sind gemahlene, nussig-süß schmeckende Erdmandelflocken mit vielen Vitaminen (gibt's im Reformhaus).

Apfel-Nuss-Müsli

… mit knusprigen Apfelchips

Für 2 Frühstücksportionen **1/2 Bio-Apfel** (ca. 60 g) waschen, entkernen und grob raspeln. **150 g Sojajoghurt** (oder normalen Naturjoghurt) mit **2 EL Ahornsirup, 2 EL gemahlenen Haselnüssen** und den Apfelraspeln vermischen. Das Müsli auf zwei Schälchen verteilen und mit je **1–2 EL grob gehackten getrockneten Apfelchips** (aus Supermarkt oder Bio-Laden) bestreuen.

Gut zu wissen

Sojajoghurt (und Sojamilch) ist ideal für alle Kinder, die normale Milchprodukte nicht vertragen (gibt's im gut sortierten Supermarkt oder Bio-Laden). Schälen Sie den Apfel vor dem Raspeln, wenn Sie keine Bio-Frucht verwenden.

Schokini-Creme

Für Schleckermäulchen

Für 1 Glas (150 ml Inhalt)
50 g Zartbitter-Schokolade
(60 % Kakao) in einer kleinen
Schüssel im heißen Wasserbad
schmelzen lassen. Die flüssige
Schokolade mit **3 EL gemahlenen Haselnüssen, 2 EL Ahornsirup** und **2 EL Mascarpone**
(ital. Frischkäse, ersatzweise
Frischkäse) gründlich vermischen. In ein Schraubglas
oder eine verschließbare Vorratsdose füllen und im Kühlschrank aufbewahren (gekühlt
3–4 Tage haltbar).

Gut zu wissen

Zartbitter-Schokolade mit mindestens **60 % Kakao** enthält weniger
Fett und Zucker als »normale«
Schokolade. Sie eignet sich deshalb besonders gut für die Kinderküche (gibt's im Supermarkt).

Banana-Creme

Süße Früchtchen aufs Brot …

Für 1 Glas (150 ml Inhalt)
1 kleine Banane (ca. 100 g)
schälen und in Scheiben
schneiden. Sofort mit **3 EL
Frischkäse, 1 1/2 EL Ahornsirup** und **2 EL frisch gepresstem Orangensaft** im Mixer
oder Blitzhacker fein pürieren.
Die Creme in ein Schraubglas
oder eine verschließbare Vorratsdose füllen und im Kühlschrank aufbewahren (gekühlt
1–2 Tage haltbar).

Gut zu wissen

Ahornsirup wird aus dem Saft von
Zucker-Ahornbäumen gewonnen.
Er schmeckt fein-nussig und ist
ein gesunder Zuckerersatz (gibt's
im Supermarkt oder Bio-Laden).
Kaufen Sie am besten den milden
Ahornsirup »Grad A«.

Pizza-Creme

Für kleine Käse-Fans

Für 1 Glas (150 ml Inhalt)
von **1/2 kleinen Camembert**
(40 g) die weiße Rinde dünn
abschneiden und den Käse
grob würfeln. **1 kleine Tomate**
(ca. 50 g) waschen und vierteln.
Den Stielansatz und die Kerne
entfernen und das Frucht-
fleisch ebenfalls grob würfeln.
Die Käse- und Tomatenwürfel
mit **1 EL grob gehackten Basilikumblättchen, 3 EL Frischkäse, 1 TL Zitronensaft** und
2–3 Prisen Salz und Pfeffer
im Mixer oder Blitzhacker fein
pürieren. Die Pizza-Creme in
ein Schraubglas oder eine verschließbare Vorratsdose füllen
und im Kühlschrank aufbewahren (gekühlt 1–2 Tage haltbar).

Schinken-Käse-
Röllchen

Mit feinem Vollkorn-Toast

Für 1 Frühstücksportion **1 Scheibe Vollkorn-Sandwich-Toast** leicht rösten und auf einem Brett mit dem Nudelholz zwei- bis dreimal »weich« rollen. Die Toastscheibe mit **1 EL Frischkäse** bestreichen, mit **1 Scheibe gekochtem Schinken** (ca. 20 g) und **1 Scheibe Butterkäse** (ca. 20 g) belegen. Das Brot aufrollen, gut andrücken, schräg halbieren und servieren.

Clever servieren

Die Röllchen kann man zum Beispiel auch mal mit **Pizza-Creme** (s. Seite 11) bestreichen oder mit **Putenschinken** und **jungem Gouda** belegen.

Aufwach-Tramezzini

Heute gibt's mal Dreieck-Brote!

Für 2 kleine oder 1 große Frühstücksportion **2 EL fein gehackte Frühlingszwiebeln** mit **1 TL Butter** in einer beschichteten Pfanne unter Rühren 2–3 Min. anbraten. **Je 2 EL rote Paprika- und Tomatenwürfelchen** zugeben und 1–2 Min. mitbraten. **1 Ei** (Größe M) mit je **2–3 Prisen Salz und Pfeffer** verquirlen. Über das Gemüse gießen und zugedeckt bei schwacher Hitze 3–4 Min. braten. Pfanne mit Deckel umdrehen. Wieder auf den Herd stellen und das Omelett vom Deckel in die Pfanne gleiten lassen. Auf der zweiten Seite noch 2–3 Min. braten, aus der Pfanne nehmen. 2 Scheiben Vollkorn-Sandwich-Toast anrösten und mit je 1 TL Frischkäse bestreichen. Omelett auf eine Scheibe legen und mit der zweiten abdecken. Andrücken, das Sandwich diagonal halbieren.

Süßes Omelett

… mit leckerer Bananenfüllung

Für 1 Frühstücksportion **1 Ei** (Größe M) mit
2 EL Milch und **1 TL Ahornsirup** in einer kleinen Schüssel gut verquirlen. **1 TL Butter** in
einer kleinen beschichteten Pfanne erhitzen.
Die Eimasse darin zugedeckt bei schwacher
Hitze in 3–4 Min. stocken lassen. Die Pfanne
mit Deckel umdrehen. Wieder auf den Herd
stellen und das Omelett vorsichtig vom Deckel
in die Pfanne gleiten lassen. Auf der zweiten
Seite nochmals 1–2 Min. braten. Das Omelett
auf einen Teller gleiten lassen und auf einer
Hälfte **1/2 geschälte und in feine Scheiben
geschnittene Banane** (ca. 50 g) verteilen.
Mit **1 TL Ahornsirup** beträufeln, zusammenklappen und servieren.

Guten-
Morgen-Drink

Zum Satt-Trinken

Für 1 Glas (ca. 200 ml Inhalt) **1 kleine Banane**
(ca. 100 g) schälen und in Scheiben schneiden. **100 g Erdbeeren** waschen, entkelchen
und ebenfalls in feine Scheiben schneiden.
100 g Mango schälen und das Fruchtfleisch
grob würfeln. Die Früchte mit **4 EL frisch
gepresstem Orangensaft, 150 ml Milch** und
2 EL feinen Haferflocken im Mixer oder mit
dem Pürierstab cremig pürieren. Den Drink
in ein hohes Glas füllen und mit einem lang-
stieligen Löffel und einem dicken Strohhalm
servieren.

Knabber-Tütchen

Für 4–5 Portionen Ofen auf 180° vorheizen.
Ein Backblech mit Backpapier belegen. **150 g
gemischte Nusskerne** und **50 g Sonnenblumen-
kerne** mit **1 TL Kräutersalz** (aus Bio-Laden
oder Reformhaus, ersatzweise 1 TL Salz und je
2 Prisen getrocknetem Thymian und Oregano)
mischen. Kerne auf dem Blech verteilen, im
Backofen (Mitte, Umluft 160°) 5 Min. rösten.
1 Eiweiß (von 1 Ei Größe M) mit **1 EL Ahornsirup** leicht schaumig rühren, die Nüsse unterheben. Wieder auf dem Blech verteilen und im
heißen Backofen noch 5 Min. rösten (das Eiweiß
macht die Nüsse besonders knusprig). Herausnehmen, abkühlen lassen und in eine Schale
füllen. Die Nüsse nicht abdecken, sonst werden
sie schnell weich. Als Pausensnack in Kaufladentütchen (s. Seite 18) oder Papiertüten füllen.

Kokos-Bällchen

Für 6 Portionen (12 Kokos-Bällchen) **100 g
Studentenfutter** (Nuss-Rosinen-Mix) mit
50 g getrockneten Softpflaumen (ohne Stein),
2 EL Ahornsirup und **50 g Kokosraspeln** im
Blitzhacker fein pürieren. Aus der Masse
mit angefeuchteten Händen 12 walnussgroße
Kugeln formen. **2 EL Kokosraspel** auf einen
flachen Teller streuen und die Kugeln darin
wenden. Die Bällchen in Pralinenförmchen
setzen (in Papier oder Stanniol aus Kaufhaus
oder Schreibwarenladen) und in einer ver-
schließbaren Vorratsdose aufbewahren. Je
2 Kokos-Bällchen in einer kleinen Box oder
in Folie verpackt als Pausensnack mitgeben.

Pausen-Burger

Schön saftig mit gebratenem Ei …

Für 1 Portion **1 TL Butter** in einer kleinen beschichteten Pfanne erhitzen. **1 Ei** (Größe M)
hineinschlagen. Das Eigelb mit einem spitzen
Messer anstechen, sodass es zerläuft. Das Ei
mit 1–2 **Prisen Salz** würzen und zugedeckt
3–4 Min. braten. Herausnehmen und abkühlen
lassen. **1 Burger-Brötchen** (oder anderes wei-
ches Brötchen) aufschneiden. Die Hälften mit
je **1 TL Frischkäse** bestreichen. **1 Salatblatt**
waschen und trocken tupfen. Den Burger mit
Salat, **1 Scheibe gekochtem Schinken** (ohne
Fettrand), **je 2 Gurken- und Tomatenscheiben**
(ca. 20 g) und dem gebratenen Ei belegen.
Zusammenklappen, festdrücken und in Folie
oder Butterbrotpapier wickeln.

Käse-Häppchen

Mit leckeren Überraschungen …

Für 1 Portion **1 Scheibe grobes rechteckiges
Sonnenblumen-Vollkornbrot** (ca. 40 g, abgepackt aus dem Supermarkt) der Länge nach
halbieren. Die Hälften mit je **1 TL Frischkäse**
bestreichen. **1 Scheibe jungen Gouda** (ca. 1 cm
dick) in der Größe einer Brothälfte zurecht-
schneiden. Den Käse auf eine Brothälfte legen
und mit der zweiten Brothälfte abdecken.
Das Brot in acht gleich große Stücke schneiden.
Auf die Häppchen mit Holz-Zahnstochern
nach Geschmack und Jahreszeit **kleine Gurkenscheiben, Kirschtomaten, kleine Radies-
chen, Birnen- oder Apfelspalten** stecken.
Die Käse-Häppchen zum Mitnehmen in eine
verschließbare Box füllen.

Erdbeer-Shake

Mal ganz in Rosa ...

Für 1 Glas (ca. 200 ml) **50 g tiefgekühlte Erdbeeren auftauen** lassen. Mit **125 g Sojajoghurt** (ersatzweise normaler Naturjoghurt), **50 ml frisch gepresstem Orangensaft** und **1 EL Ahornsirup** im Mixer oder mit dem Pürierstab fein pürieren. Shake in ein hohes Glas füllen und mit Strohhalm servieren.

Clever genießen

Im Sommer schmeckt der Shake natürlich mit **frischen Erdbeeren**. Und der **Extratipp für kleine »Schnupfen-Schniefnasen«:** Statt Orangensaft 1–2 EL Acerolasaft (aus dem Reformhaus) zugeben. Der leicht säuerlich schmeckende Saft der Acerolakirschen enthält nämlich besonders viel Vitamin C!

Kokos-Ananas-Shake

Mit richtig viel Ananas!

Für 1 Glas (ca. 250 ml) **1/2 Banane** schälen und in feine Scheiben schneiden. Mit **100 g Ananasstücken** und **125 ml Ananassaft** (beides aus der Dose, ohne Zuckerzusatz), **125 ml Kokosmilch** (aus der Dose) und **4 EL frisch gepresstem Orangensaft** im Mixer oder mit dem Pürierstab fein pürieren. Den Shake in ein hohes Glas füllen und mit Strohhalm servieren.

Heiße
Schokolade

Macht mollig warm!

Für 1 Tasse (ca. 250 ml) **30 g Zartbitter-Schokolade** (60 % Kakao) grob zerkleinern. Mit **250 ml Milch** und **2 EL Ahornsirup** in einem kleinen Topf langsam erwärmen, bis die Schokolade vollständig geschmolzen ist. Die Schokomilch mit dem Miniquirl oder Pürierstab kurz aufschäumen. In eine große Tasse füllen und servieren.

Zwergen-Punsch

Das duftet nach Vanille und Zimt ...

Für 2 Tassen (je 250 ml) **200 ml naturtrüben Apfelsaft** in einem kleinen Topf mit **200 ml Rote-Früchte-Saft** (aus dem Bio-Laden), **100 ml frisch gepresstem Mandarinensaft**, **1/2 Zimtstange, 1/2 aufgeschlitzten Vanilleschote** und **2 EL Ahornsirup** mischen. Erhitzen und ca. 5 Min. bei schwacher Hitze ziehen lassen. **1/2 kleinen Apfel** (ca. 50 g) schälen, entkernen und in feine Scheiben schneiden. **1 Mandarine** mit einem scharfen Messer dick schälen, dabei die weiße Innenhaut mit entfernen. Die Fruchtfilets zwischen den Trennhäutchen herausschneiden. Alle Fruchtstücke in den Punsch rühren. Die Zimtstange und Vanilleschote herausnehmen und den Punsch in Tassen füllen. Mit einem kleinen Löffel für die Früchte servieren.

Die
Runterknabber-Idee

Auf die Spießchen, fertig, los …

Aufgespießt schmeckt alles einfach gleich noch mal so gut – gerade kleine Kinder lieben diese Art des Essens. Ob Brote (s. Seite 15), Nudeln (s. Seite 35), Gemüse (s. Seite 61) oder Fleisch (s. Seite 85) – mit Spießchen bringt man sogar schlechte Esser zum Futtern. Am besten eignen sich **Holz-Schaschlikspieße** (für große) und **Holz-Zahnstocher** (für kleine) Spießchen. Und für »Minis« einfach die spitzen Enden abbrechen, damit sich niemand wehtun kann. Oder Sie benutzen statt Holz-Zahnstochern gleich **Bowle-Spießchen** aus Plastik – die haben nämlich meist abgerundete Spitzen.

Die
Verpackungs-Idee

Ab in die Tüte!

Schön verpackt ist halb gewonnen, könnte man in diesem Fall wohl sagen! Denn mit dem richtigen »Anzug« lässt sich im Handumdrehen aus einem normalen Essen etwas ganz Besonderes zaubern. **Erste Idee:** Kaufladentütchen (aus Kaufhaus oder Spielwarengeschäft). In die kann man schnell knusprige Nüsse als Pausensnack füllen (s. Seite 14) oder leckere Tortilla-Ecken als Fingerfood servieren (s. Seite 63). Oder einfach mal Serviette und Besteck darin verstecken! **Zweite Idee:** Pergament- oder Backpapier. Daraus lassen sich nämlich köstliche Päckchen mit Nudeln, Fleisch, Fisch oder Spätzle (s. Seite 77) falten.

Die
Spiel-Idee

Essen mit Spaß …

Wer hat eigentlich gesagt, dass man mit Essen nicht spielen darf? Wenn's dann umso besser schmeckt und alles aufgegessen wird, hat der »Spaßfaktor« doch prima gewirkt, oder? Gerade für die Kleinen ist ein bisschen Tellerspaß genau das Richtige – von **Würstchen-Floß** (s. Seite 47) bis **Omelett-Frosch** (s. Seite 61). Und mit **Püree** aus Früchten (s. Seite 117), Kartoffeln oder Gemüse kann man ganz leicht die schönsten Sachen auf flache Teller malen oder schreiben. Dafür einfach das Püree in einen Gefrierbeutel füllen, Beutel oben zudrehen, eine feine Ecke abschneiden und ruck, zuck Herzchen, Sterne, Blümchen – oder was Ihnen sonst so einfällt – zaubern.

Die
Servier-Idee

Einfach schöner essen

Was nutzt das leckerste Essen, wenn es nicht liebevoll präsentiert wird? Deshalb sollten Sie auch für die schnelle Alltagsküche immer ein paar Deko-Teilchen in der Hinterhand haben: **Plätzchenausstecher** zum Beispiel. Damit lassen sich aus Brot, Obst und Gemüse ganz schnell Blümchen, Hasen, Bärchen und vieles mehr herstellen. Oder **Strohhalme, Plastik-Eislöffel, Papierschirmchen,** bunte **Fähnchen, Pralinenförmchen, Kinder-Servietten,** lustige **Platzdeckchen, Riesen-Pastateller, Asia-Schälchen, Stäbchen** und, und, und … Ihrer Fantasie sind hier keine Grenzen gesetzt.

Für kleine Pasta-Fans

Die leckersten Nudeln der Stadt – genau so, wie Kinder sie lieben: mit Tomaten, Käse, Hackfleisch, Schinken und und und!

**Für 2 kleine
und 2 große Esser**

400 g Nudeln | Salz
2 Frühlingszwiebeln (ca. 30 g)
2 Knoblauchzehen
1/2 Bund Basilikum
2 EL Olivenöl
500 g stückige Tomaten
  (aus Flasche oder Dose)
50 ml Gemüsebrühe (Instant)
1 EL Aceto balsamico | Pfeffer
1/2 TL Birnendicksaft (s. Tipp)
3 EL frisch geriebener Parmesan

Clever einkaufen

Birnendicksaft ist ein natürliches Süßungsmittel, allerdings nicht so »geschmacksintensiv« wie z. B. Ahornsirup. Deshalb eignet er sich besonders gut zum Abschmecken. Sie finden ihn im Bio-Laden.

Napoli-Pasta

mit blitzschneller Tomatensauce | *im Bild links*
Zubereitung: ca. 12 Min. | *Pro Portion: ca. 465 kcal*

1 Die Nudeln nach Packungsanweisung in kochendem Salzwasser bissfest garen. Inzwischen die Frühlingszwiebeln waschen, putzen und grob hacken. Den Knoblauch schälen. Das Basilikum waschen, trocken schütteln und die Blättchen abzupfen. Frühlingszwiebeln, Knoblauch und Basilikum mit dem Öl im Blitzhacker grob pürieren.

2 Den Basilikum-Mix in einem Topf bei mittlerer Hitze 2–3 Min. unter Rühren andünsten. Tomaten und Gemüsebrühe zugießen. Die Sauce mit Aceto balsamico, Salz, Pfeffer und Birnendicksaft würzen und bei mittlerer Hitze 4–5 Min. sanft kochen lassen.

3 1 EL Parmesan unter die Sauce mischen. Die Nudeln abgießen und abtropfen lassen. Mit der Sauce und dem restlichen Parmesan servieren.

Käse-Pasta

richtig schön cremig
Zubereitung: ca. 12 Min. | Pro Portion: ca. 465 kcal

Für 2 kleine und 1 großen Esser

250–300 g Nudeln | Salz | 4 EL Mascarpone (ital. Frischkäse) | 80 ml Gemüsebrühe (Instant) | 3 EL frisch geriebener Parmesan Pfeffer | Muskatnuss, frisch gerieben

1 Die Nudeln nach Packungsanweisung in kochendem Salzwasser bissfest garen. Inzwischen Mascarpone und Gemüsebrühe in einem Topf mit dem Schneebesen gut verrühren. Den Mix erhitzen und bei mittlerer Hitze 5–6 Min. sanft kochen lassen.

2 Parmesan unterziehen. Die Käsesauce mit Salz, Pfeffer und Muskatnuss würzen und weitere 1–2 Min. sanft kochen lassen.

3 Nudeln abgießen und abtropfen lassen. Mit der Käsesauce vermischen. Die Käse-Pasta nochmals salzen und pfeffern und auf vier Teller verteilen. Sofort servieren.

Clever variieren

Mal Lust auf **»bunte« Käse-Pasta?** Dafür Nudeln und Sauce mischen und mit einem Mix aus gelben Paprika- und Gurken- und Tomatenwürfelchen bestreuen. Für mehr Würze noch **50 g gewürfelten Sahne-Gorgonzola** in der Sauce schmelzen lassen.

Gut zu wissen

Milchprodukte – von Joghurt bis Frischkäse und von Milch bis Parmesan – sollten täglich auf dem Speiseplan stehen. Denn Kinder brauchen das darin enthaltene Kalzium für starke Knochen und Zähne.

Walnuss-Pasta

mit frischen Käse-Tortellini
Zubereitung: ca. 12 Min. | Pro Portion: 825 kcal

Für 2 kleine Esser

80 g Walnusskerne | 3 EL Frischkäse 80 g Sahne | Salz | Pfeffer | getrockneter Majoran | 200 g frische Käse-Tortellini (aus dem Kühlregal) | 50 ml Gemüsebrühe (Instant) | 1 TL Apfelessig | 1 EL Ahornsirup 2 EL frisch geriebener Parmesan

1 Die Walnusskerne mit dem Frischkäse und der Sahne im Blitzhacker fein pürieren. Die Walnusscreme mit je 2–3 Prisen Salz, Pfeffer und Majoran würzen.

2 Die Tortellini nach Packungsanweisung in kochendem Salzwasser gar ziehen lassen.

3 Die Walnusscreme in einem Topf mit der Gemüsebrühe mischen und unter Rühren erhitzen. Apfelessig, Ahornsirup und Parmesan in die Sauce rühren.

4 Die Tortellini in ein Sieb abgießen und abtropfen lassen. Mit der warmen Nuss-Käse-Sauce mischen und sofort servieren.

Besonders clever!

Im Herbst und Winter können Sie die Sauce natürlich auch mit **frischen Walnüssen** zubereiten. Und als »Koch-Event« dürfen die Kids die Nüsse selber knacken und die Kerne rauslösen.

Mozzarella-Pasta

mit geschmolzenen Tomatenstückchen
Zubereitung: ca. 25 Min. | Pro Portion: ca. 500 kcal

Für 2 kleine und 1 großen Esser

600 g reife Tomaten | 250–300 g Nudeln
Salz | 1 Knoblauchzehe
1/2 Bund Basilikum | 1 EL Olivenöl
2 EL Aceto balsamico | Pfeffer
1/2 TL Birnendicksaft (s. Tipp Seite 21)
1 Schälchen Mini-Mozzarellabällchen (125 g)

1 Die Tomaten kreuzförmig einritzen. In einer Schüssel mit kochendem Wasser übergießen und 3–4 Min. ruhen lassen. In ein Sieb abgießen und kalt abspülen. Die Tomaten häuten und vierteln. Stielansätze und Kerne entfernen, das Fruchtfleisch grob würfeln.

2 Nudeln nach Packungsanweisung in kochendem Salzwasser bissfest garen. Knoblauch schälen und fein hacken. Das Basilikum waschen und trocken schütteln. Die Blättchen abzupfen und klein schneiden.

3 Das Öl in einer Pfanne erhitzen. Die Tomatenstücke, den Knoblauch und das Basilikum darin unter Rühren 3–4 Min. braten. Den Aceto balsamico zugeben und mit Salz, Pfeffer und Birnendicksaft würzen. Die Sauce weitere 3–4 Min. sanft kochen lassen.

4 Die Nudeln abgießen und abtropfen lassen. Die Mozzarellabällchen halbieren. Beides unter die geschmolzenen Tomaten heben. Die Mozzarella-Pasta nochmals mit Salz und Pfeffer abschmecken. Sofort servieren.

Pasta-Risotto

Für 2 kleine und 1 großen Esser | 3 fein gehackte Frühlingszwiebeln (ca. 60 g) und 1 fein gehackte Knoblauchzehe in einem Topf in 1 EL Olivenöl andünsten. 250 g »Reis«-Nudeln (Kritharaki, aus griechischem oder türkischem Laden oder gut sortiertem Supermarkt) einstreuen, unter Rühren 2–3 Min. mitbraten. 1 kleine Dose Tomaten (240 g Abtropfgewicht) samt Flüssigkeit zugeben. Die Tomaten leicht zerdrücken und untermischen. 400 ml Gemüsebrühe (Instant) und 2 EL Aceto balsamico einrühren und mit je 3–4 Prisen Salz und Pfeffer würzen. Den Pasta-Risotto 12–15 Min. sanft kochen lassen. Dabei mehrmals umrühren. 100 g halbierte Mini-Mozzarellabällchen auf dem Pasta-Risotto verteilen und 2–3 Min. schmelzen lassen. Oder den Pasta-Risotto in Puppenküchen-Pfannen verteilen und die halbierten Mozzarellabällchen als »Lachgesicht« darauf anrichten.

Clever vorbereiten

Die gehäuteten und gewürfelten Tomaten mit Knoblauch und Basilikum mischen, in ein Schraubglas oder eine verschließbare Vorratsdose füllen und kühl **aufbewahren** – das können Sie schon am Vortag machen. Am nächsten Tag müssen Sie den Mix dann nur noch in der Pfanne schmelzen.

Gut zu wissen

Tomaten sind nicht nur lecker, sondern auch super gesund – übrigens auch die aus Glas und Dose! Die roten Früchte enthalten nämlich besonders viel Lycopin. Dieses Antioxidans kann freie Radikale im Blut abwehren und schützt so vor allem Muskeln und Gehirnzellen vor Schädigungen.

Cowboy-
Pasta

wie am Lagerfeuer | *Zubereitung: ca. 20 Min.* | *Pro Portion: ca. 615 kcal*

**Für 2 kleine
und 1 großen Esser**

250 g Spaghetti
Salz
2 Zwiebeln (ca. 150 g)
1 Knoblauchzehe
2 EL Öl
250 g gemischtes Hackfleisch
1 große Dose Tomatenmark
  (140 g Inhalt)
2 EL mildes Ayvar (Paprikapüree, aus dem Glas)
200 ml Gemüsebrühe (Instant)
1 EL Aceto balsamico
Pfeffer
edelsüßes Paprikapulver

1 Die Spaghetti in 6–8 cm lange Stücke brechen. Die Nudelstücke nach Packungsanweisung in kochendem Salzwasser bissfest garen. Die Zwiebeln und den Knoblauch schälen. Beides fein hacken.

2 Das Öl in einer Pfanne erhitzen. Zwiebeln und Knoblauch darin unter Rühren 1–2 Min. anbraten. Das Hackfleisch zugeben und unter Rühren ebenfalls 3–4 Min. anbraten.

3 Tomatenmark und Ayvar einrühren. Gemüsebrühe und Aceto balsamico zugießen. Alles gut vermischen und die Sauce bei mittlerer Hitze 5–6 Min. sanft kochen lassen.

4 Die Nudeln in ein Sieb abgießen und abtropfen lassen. Die Sauce mit Salz, Pfeffer und Paprikapulver abschmecken und die Spaghetti unterheben. Die Cowboy-Pasta in der Pfanne servieren.

Clever für »Große«
Zuerst die Kinderportionen auf Teller verteilen, dann das restliche Pastagericht mit **Sambal Oelek** (Peperonizubereitung, aus dem Glas) nach Belieben »nachschärfen«.

Clever einkaufen
Ayvar ist ein Paprikapüree aus dem Glas. Damit lassen sich im Handumdrehen Suppen, Saucen und Dips raffiniert würzen. Das rote Püree gibt's im Supermarkt – und kaufen Sie bitte die milde Variante!

Clever variieren
Für **Mexiko-Pasta** Zwiebeln, Knoblauch und Hackfleisch wie beschrieben anbraten. 500 g stückige Tomaten (aus Flasche oder Dose), 1 kleine Dose Mais (140 g Abtropfgewicht) und 1 kleine, in feine Würfel geschnittene gelbe Paprikaschote (ca. 150 g) untermischen. 200 ml Gemüsebrühe (Instant) angießen. Mit Salz, Pfeffer und je 2 EL Ayvar und Aceto balsamico würzen und 8–10 Min. sanft kochen lassen. Mit Pasta und geriebenem Pizzakäse (aus der Tüte) servieren.

Pizzaiola-Pasta

mit zarten Filetstückchen
Zubereitung: ca. 25 Min. | Pro Portion: ca. 495 kcal

Für 2 kleine und 1 großen Esser

Salz | 250 g Nudeln
2 Frühlingszwiebeln (ca. 50 g)
1 Knoblauchzehe
150 g Schweinefilet | 2 EL Öl
250 g stückige Tomaten (aus Flasche oder Dose)
100 ml Gemüsebrühe (Instant) | Pfeffer
getrockneter Oregano
2 EL Mascarpone (ital. Frischkäse)
1 EL Aceto balsamico

Außerdem:

frisch geriebener Parmesan zum Bestreuen
(nach Belieben)

1 Für die Nudeln in einem großen Topf reichlich Wasser aufkochen und salzen. Nudeln darin nach Packungsanweisung bissfest garen.

2 Die Frühlingszwiebeln waschen, putzen und in feine Ringe schneiden. Den Knoblauch schälen und fein hacken. Das Schweinefilet zuerst quer in Scheiben, dann längs in feine Streifen schneiden.

3 Das Öl in einem Bratentopf erhitzen und die Filetstreifen darin unter Rühren rundum 2–3 Min. anbraten. Die Frühlingszwiebeln und den Knoblauch einstreuen und ebenfalls 2–3 Min. anbraten.

4 Die Tomaten und die Gemüsebrühe zugießen. Alles gut mischen und mit je 2–3 Prisen Salz, Pfeffer und Oregano würzen. Die Sauce zugedeckt bei mittlerer Hitze 5–6 Min. sanft kochen lassen.

5 Den Mascarpone und den Aceto balsamico unterziehen. Die Sauce weitere 2–3 Min. sanft kochen lassen. Nochmals abschmecken. Die Nudeln abgießen und abtropfen lassen. Mit der Pizzaiola-Sauce und nach Belieben mit Parmesan servieren.

Hackbällchen Pizzaiola

Für 2 kleine und 1 großen Esser | 1 Knoblauchzehe schälen und fein hacken. 1 Frühlingszwiebel gründlich waschen, putzen und klein schneiden. Beides mit 250 g gemischtem Hackfleisch, 1 Ei (Größe M), 1 EL frisch geriebenem Parmesan, 3 EL Semmelbrösel und je 3–4 Prisen Salz und Pfeffer vermischen. Aus dem Hackteig mit angefeuchteten Händen kirschgroße Bällchen formen. In einer Pfanne 1 EL Olivenöl erhitzen und die Hackbällchen darin rundherum anbraten. Herausnehmen und in der Pizzaiola-Sauce gar ziehen lassen. **Übrigens**: Die Hackfleischbällchen sind auch eine leckere Einlage für die Napoli-Sauce (s. Seite 21) oder die Minestrone (s. Seite 53).

Clever einkaufen

Am besten italienisch **Nudeln aus Hartweizengrieß** kaufen – die bleiben nämlich schön »bissfest«.

Bayern-Pasta

echte Lieblings-Schinkennudeln
Zubereitung: ca. 15 Min. | Pro Portion: ca. 515 kcal

Für 2 kleine Esser

150 g kleine Nudeln | Salz
1 kleine Zwiebel
3 Scheiben gekochter Schinken (ca. 60 g)
1 EL Öl | 1 EL Butter
Pfeffer | 2 Eier (Größe M)

Außerdem:

geriebener Emmentaler zum Bestreuen
  (nach Belieben)
Kinder-Ketchup zum Servieren
  (s. Tipp, nach Belieben)

1 Die Nudeln nach Packungsanweisung in
  reichlich kochendem Salzwasser bissfest
  garen. Die Zwiebel schälen und fein hacken.
  Die Schinkenscheiben aufeinanderlegen.
  Zuerst längs in Streifen, dann quer in feine
  Stücke schneiden.

2 Öl und Butter in einer Pfanne erhitzen.
  Die Zwiebelwürfelchen darin unter Rühren
  3–4 Min. anbraten. Den Schinken zugeben
  und 3–4 Min. unter Rühren mitbraten.
  Nudeln abgießen, abtropfen lassen und
  unter den Schinken heben. Die Schinkennudeln mit je 2–3 Prisen Salz und Pfeffer
  würzen und gut vermischen.

3 Die Eier mit je 2–3 Prisen Salz und Pfeffer
  in einer Schüssel verquirlen. Die Eiermasse
  über die Nudeln gießen und unter Rühren
  stocken lassen.

4 Die Schinkennudeln sofort pur oder nach
  Belieben mit geriebenem Emmentaler
  und/oder Kinder-Ketchup servieren.

Clever einkaufen

Probieren Sie doch mal **Kinder-Ketchup** (aus dem
Bio-Laden): Das ist nämlich nicht mit Zucker, sondern nur mit Apfel- oder Birnendicksaft gesüßt.

Ofen-Nudeln

Für 2 kleine Esser | Den Backofen auf 200°
vorheizen. Eine kleine Auflaufform mit **etwas
Butter** fetten. Die **Eier** wie links beschrieben
verquirlen und mit Salz und Pfeffer würzen.
Zusätzlich **3 EL geriebenen Emmentaler** unterrühren. Die angebratene Zwiebel-Schinken-
Mischung und die gekochten Nudeln zugeben.
Alles gut vermischen und in die Form füllen.
Mit **3 EL geriebenem Emmentaler** bestreuen
und im heißen Backofen (Mitte, Umluft 180°)
12–15 Min. überbacken. Falls die Oberfläche
zu schnell braun wird, mit Alufolie abdecken.
Die Ofen-Nudeln lassen sich natürlich auch
ganz leicht auf Familienformat vergrößern.

Schinkennudeln italiano

Für 2 kleine Esser | 60 g gekochten Schinken
fein würfeln. In einer beschichteten Pfanne
in **1 EL Olivenöl** und **1 EL Butter** erhitzen. Den
Schinken darin unter Rühren 3–4 Min. anbraten. **150 g gekochte Nudeln** zugeben und mit
je **2–3 Prisen Salz und Pfeffer** würzen. 2 Eier
(Größe M) mit **4 EL Sahne, 2 EL frisch geriebenem Parmesan** und je **2–3 Prisen Salz, Pfeffer**
und frisch geriebener **Muskatnuss** verquirlen.
Die Masse über die Nudeln gießen und unter
Rühren stocken lassen, bis die Eier cremig sind.

Bratwurst-Pasta

für Würstl-Fans
Zubereitung: 20 Min. | Pro Portion: 590 kcal

Für 2 kleine und 1 großen Esser

250–300 g Nudeln
Salz | 150 g Lauch
1 Knoblauchzehe | 1 EL Öl
150 g frische rohe Bratwürste
80 ml Gemüsebrühe (Instant)
2 EL Sahne
1 EL Crème fraîche | Pfeffer
Muskatnuss, frisch gerieben

1 Nudeln nach Packungsanweisung in kochendem Salzwasser bissfest garen. Lauch putzen, längs aufschlitzen und waschen. Stange quer in feine Ringe schneiden. Den Knoblauch schälen und klein würfeln.

2 Das Öl in einer Pfanne oder einem Bratentopf erhitzen. Lauch und Knoblauch darin unter Rühren 2–3 Min. anbraten.

3 Die Bratwurstmasse aus der Haut zum Lauch drücken. Alles bei mittlerer Hitze unter Rühren 4–5 Min. braten. Dabei die Bratwurstmasse mit dem Pfannenwender grob zerkleinern. Die Gemüsebrühe zugießen und alles 3–4 Min. sanft kochen lassen.

4 Die Sahne und Crème fraîche in das Gemüse rühren. Alles mit Salz, Pfeffer und Muskatnuss würzen und weitere 2–3 Min. sanft kochen lassen. Die Nudeln abgießen und abtropfen lassen. Mit der Sauce servieren.

Backhendl-Pasta

mit feiner Kohlrabisauce
Zubereitung: ca. 25 Min. | Pro Portion: ca. 910 kcal

Für 2 kleine Esser

150 g Nudeln | Salz | 1 Kohlrabi (ca. 300 g)
1 EL Butter | 200 ml Gemüsebrühe (Instant)
200 g Sahne | Pfeffer | Muskatnuss, frisch
gerieben | 1 Hähnchenbrustfilet (ca. 200 g)
2 EL Zitronensaft | 1 EL Mehl
1 Ei (Größe M) | 4 EL Semmelbrösel | 2 EL Öl

1 Die Nudeln nach Packungsanweisung in kochendem Salzwasser bissfest garen. Den Kohlrabi schälen, fein würfeln und in der Butter 2–3 Min. unter Rühren anbraten. Die Brühe und 180 g Sahne zugießen und alles bei mittlerer Hitze 8–10 Min. garen.

2 Das Gemüse fein pürieren. Die Sauce mit je 3–4 Prisen Salz, Pfeffer und Muskatnuss abschmecken.

3 Fleisch waschen, trocken tupfen, in 2–3 cm große Stücke schneiden. Salzen, pfeffern, mit Zitronensaft beträufeln, mit Mehl bestäuben.

4 Ei mit 20 g Sahne und je 2–3 Prisen Salz und Pfeffer verquirlen. Semmelbrösel auf einen flachen Teller streuen. Die Hähnchenstücke zuerst durch den Eischaum ziehen, dann in den Semmelbröseln wenden.

5 Das Öl in einer Pfanne erhitzen und die Hähnchenstücke darin bei mittlerer Hitze in 5–6 Min. rundum goldbraun braten. Mit den abgetropften Nudeln und der Kohlrabisauce servieren.

Pasta
am Spieß

Imbiss für heiße Sommertage | *Zubereitung: ca. 20 Min.* | *Pro Portion: ca. 605 kcal*

Für 2 kleine Esser

24 frische Cappelletti (250 g,
   aus dem Kühlregal, Nudel-
   halbmonde z. B. mit Ricotta
   und Basilikum gefüllt)
Salz
2 Bio-Mini-Salatgurken
   (ca. 200 g, s. Tipp)
300 g Sahnejoghurt
2 TL Zitronensaft
1–2 TL Birnendicksaft
   (s. Tipp Seite 21)
Pfeffer

Außerdem:

2 Holz-Schaschlikspieße

1 Die Cappelletti nach Packungsanweisung in kochendem Salzwasser bissfest garen. In ein Sieb abgießen, kalt abspülen und gut abtropfen lassen.

2 Die Gurken waschen und trocknen. 1 Gurke quer in 24 Scheiben schneiden. Die zweite Gurke grob in eine Schüssel raspeln und mit 4–5 Prisen Salz bestreuen.

3 Den Joghurt mit Zitronensaft, Birnendicksaft und je 2–3 Prisen Salz und Pfeffer verrühren. Die Gurkenraspel leicht ausdrücken, die austretende Flüssigkeit abgießen. Die Gurkenraspel unter den Joghurt heben, die Joghurtsauce nochmals abschmecken.

4 Auf die Schaschlikspieße zuerst waagerecht je 1 Gurkenscheibe stecken und nach hinten schieben (**Bild 1**). Dann je 5 Cappelletti und 5 Gurkenscheiben abwechselnd senkrecht nacheinander auffädeln (**Bild 2**). Zuletzt je 1 Cappelletto waagerecht aufspießen (**Bild 3**).

5 Die Joghurtsauce auf zwei Teller verteilen und je zwei lauwarme Nudelspieße darauf anrichten. Sofort servieren.

Clever für »Minis«

Einfach mit Kinder-Ketchup (s. Tipp Seite 31) zwei Punkte als »Augen« auf den waagerecht aufgespießten Cappelletto setzen – fertig ist der **»Pasta-Drache«.**

Gut zu wissen

Bio-Gemüse (wie hier die Mini-Gurke) ist gesund – und praktisch: Da es ohne künstlichen Dünger und Pflanzenschutzmittel angebaut wird, kann man sich nämlich das Schälen sparen. Und **frisch gepresster Zitronen- oder Orangensaft** schmeckt nicht nur besser, sondern besticht auch durch seinen Vitamin-C-Gehalt.

Tonno-Pasta

mit frischer Meeresbrise
Zubereitung: 20 Min. | Pro Portion: 500 kcal

Für 2 kleine und 1 großen Esser

250–300 g Nudeln | Salz
2 Frühlingszwiebeln (ca. 50 g)
1 Knoblauchzehe | 1 Dose Thunfisch naturell
(150 g Abtropfgewicht) | 1 EL Olivenöl
500 g stückige Tomaten (aus Flasche oder Dose)
150 ml Gemüsebrühe (Instant)
2 EL fein gehackte Basilikumblättchen
1 EL Aceto balsamico | Pfeffer
frisch geriebener Parmesan (nach Belieben)

1 Nudeln nach Packungsanweisung in kochendem Salzwasser bissfest garen. Die Frühlingszwiebeln waschen, putzen und quer in feine Ringe schneiden. Knoblauch schälen und klein würfeln. Thunfisch abtropfen lassen.

2 Das Öl in einem Topf erhitzen. Die Frühlingszwiebeln und den Knoblauch darin unter Rühren anbraten. Den Thunfisch und die Tomaten zugeben. Die Gemüsebrühe zugießen und alles gut mischen. Den Thunfisch evtl. mit einer Gabel fein zerdrücken.

3 Das Basilikum und den Aceto balsamico unterziehen. Die Sauce mit 3–4 Prisen Salz und Pfeffer würzen und bei mittlerer Hitze ca. 10 Min. sanft kochen lassen.

4 Die Thunfischsauce nochmals abschmecken. Die Nudeln abgießen und abtropfen lassen. Mit der Sauce und nach Belieben mit Parmesan servieren.

Frühlings-Pasta

mit zarten Lachswürfelchen
Zubereitung: ca. 20 Min. | Pro Portion: ca. 605 kcal

Für 2 kleine und 1 großen Esser

250–300 g Nudeln | Salz | 1 Bund Basilikum
1 Knoblauchzehe | 30 g Parmesan
30 g Pinienkerne | 4 EL Mascarpone
80 ml Gemüsebrühe (Instant)
100 g Wildlachsfilet (frisch oder tiefgekühlt)
2 EL Zitronensaft | Pfeffer

1 Nudeln nach Packungsanweisung in kochendem Salzwasser bissfest garen. Das Basilikum waschen und trocken schütteln, die Blättchen abzupfen. Den Knoblauch schälen. Den Parmesan grob würfeln.

2 Die Basilikumblättchen mit Knoblauch, Parmesan, Pinienkernen und Mascarpone fein pürieren. Die Basilikumcreme mit der Gemüsebrühe in einem Topf erhitzen.

3 Fisch kalt abspülen und mit Küchenpapier trocken tupfen. TK-Lachs auftauen lassen (s. Tipp Seite 97). Das Filet in ca. 1 cm große Würfel schneiden. Diese mit dem Zitronensaft in die Sauce rühren und in 3–4 Min. gar ziehen lassen. Die Sauce salzen und pfeffern.

4 Die Nudeln in einem Sieb abtropfen lassen. Mit der Basilikum-Lachs-Sauce servieren.

Clever einkaufen

Im Unterschied zu »normalem« Lachs kommt **Wildlachs** nicht aus Meeres-Zuchtanlagen. Er ist deshalb zwar ein bisschen teurer, aber ökologisch wertvoll – und er schmeckt besser.

Teller-
Lasagne

prima vorzubereiten | *Zubereitung: ca. 40 Min.* | *Pro Portion: ca. 535 kcal*

Für 1 kleinen Esser

1/2 Zucchino (ca. 50 g)
2 EL Olivenöl
Salz | Pfeffer
2 Lasagneblätter
  (ca. 30 g, ohne Vorkochen)
50 g Mozzarella
6 EL Tomatensauce (s. Seite 21)
2 EL gehackte Basilikumblätter
2 EL frisch geriebener Parmesan
4–6 EL Milch

Außerdem:

1 ofenfester tiefer Teller (ersatzweise 1 kleine ofenfeste
  rechteckige Auflaufform)

1 Den Zucchino waschen, putzen und längs in feine Scheiben schneiden. Das Öl in einer großen Pfanne erhitzen und die Zucchinischeiben darin bei mittlerer Hitze goldbraun bra-ten. Dabei ein- bis zweimal wenden. Herausnehmen und auf Küchenpapier abtropfen lassen. Mit 2–3 Prisen Salz und Pfeffer bestreuen (**Bild 1**).

2 Den Backofen auf 180° vorheizen. Die Lasagneblätter quer durchbrechen, den Mozzarella grob würfeln.

3 Auf dem Teller 1 EL Tomatensauce verstreichen und 1 halbes Lasagneblatt darauflegen. Mit 1 EL Tomatensauce bestrei-chen und mit 2 Zucchinischeiben belegen. 1 EL Mozzarella-würfelchen, 1/2 EL Basilikum und 1/2 EL Parmesan darauf verteilen (**Bild 2**). Fortfahren, bis alle Zutaten aufgebraucht sind. Das oberste Lasagneblatt nur mit Tomatensauce und Käse belegen (**Bild 3**).

4 Die Lasagne mit Milch beträufeln und mit Alufolie ab-decken. Im heißen Backofen (Mitte, Umluft 160°) ca. 15 Min. backen. Die Alufolie entfernen und die Lasagne noch 5 Min. offen überbacken. Herausnehmen und vor dem Servieren etwas abkühlen lassen.

Clever vorbereiten

Die Teller-Lasagne können Sie auch schon einige Stunden vorher »stapeln« und abgedeckt im **Kühlschrank** aufbewahren – dann muss sie nur noch schnell in den Ofen.

Clever vergrößern

Für eine »**Familien-Lasagne**« die Zutaten einfach vervierfachen und in eine große Auflaufform schichten. Wer's herzhafter möchte, gibt noch Salami- oder Schinkenwürfelchen in die Lasagne.

Kokos-Pasta

mit feinem Erdnussgeschmack
Zubereitung: ca. 30 Min. | Pro Portion: ca. 400 kcal

Für 2 kleine und 1 großen Esser

1/2 rote Paprikaschote (ca. 100 g)
1 kleiner Zucchino (ca. 100 g)
1 Stange Lauch (ca. 100 g) | 2 Frühlings-
zwiebeln (ca. 50 g) | 1 Knoblauchzehe
1 EL Öl | 1/4 l ungesüßte Kokosmilch
(aus der Dose) | 1 TL gekörnte Gemüsebrühe
2 EL Birnendicksaft | 2 EL Erdnusspaste
(Fertigprodukt) | 3 EL helle Sojasauce
2–3 EL Limettensaft | Currypulver
200–250 g Asia-Eiernudeln
  (aus Asienladen oder Supermarkt)

1 Paprika waschen, putzen und in ca. 1 cm
  große Quadrate schneiden. Den Zucchino
  waschen, putzen und halbieren. Die Hälften
  schräg in 1 cm breite Scheiben schneiden.

2 Lauch putzen, längs vierteln, waschen, quer
  in 3 cm breite Stücke schneiden. Frühlingszwiebeln waschen, putzen, schräg in feine
  Scheiben schneiden. Knoblauch schälen
  und fein hacken. Das Öl im Wok oder einer
  tiefen Pfanne erhitzen. Gemüse und Knoblauch darin 3–4 Min. unter Rühren anbraten.

3 Kokosmilch, Brühpulver, Birnendicksaft,
  Erdnusspaste, Sojasauce, Limettensaft und
  3–4 Prisen Currypulver einrühren. Das
  Gemüse 10–12 Min. sanft kochen lassen.
  Inzwischen die Nudeln nach Packungsanweisung bissfest garen. In einem Sieb abtropfen lassen. Mit der Kokossauce servieren.

India-Pasta

mit Joghurt-Curry-Sauce
Zubereitung: ca. 20 Min. | Pro Portion: ca. 530 kcal

Für 2 kleine Esser

150 g Asia-Eiernudeln
  (aus Asienladen oder Supermarkt)
Salz | 1 Hähnchenbrustfilet (ca. 200 g)
1 kleine Zwiebel (ca. 50 g)
1 EL Öl | 1/2 TL mildes Currypulver
50 ml Gemüsebrühe (Instant)
4 EL Naturjoghurt 2 EL Orangensaft
1 EL Limettensaft | 1 EL Birnendicksaft
1 TL mildes Ayvar (Paprikapüree, aus dem Glas)
Pfeffer | 30 g Cashewkerne

1 Nudeln nach Packungsanweisung in kochendem Salzwasser bissfest garen. Inzwischen
  das Fleisch waschen, trocken tupfen und in
  1–2 cm große Stücke schneiden. Zwiebel
  schälen und grob würfeln.

2 Das Öl in einer Pfanne erhitzen. Die Zwie-
  bel- und Filetstücke darin bei mittlerer
  Hitze 2–3 Min. unter Rühren anbraten.
  Das Currypulver untermischen. Gemüsebrühe, Joghurt, Orangensaft, Limettensaft,
  Birnendicksaft und Ayvar einrühren. Alles
  bei schwacher Hitze 6–8 Min. sanft kochen
  lassen. Mit Salz und Pfeffer abschmecken.

3 Die Cashews grob hacken und in einer
  beschichteten Pfanne ohne Fett hellbraun
  rösten. Die Nudeln in einem Sieb abtropfen
  lassen. Mit der Joghurt-Curry-Sauce und
  den gerösteten Cashews servieren.

Piccolino-
Pastasalat

Alles mini, oder was? | *Zubereitung: ca. 30 Min.* | *Pro Portion: ca. 245 kcal*

**Für 2 kleine
und 1 großen Esser**

3 Scheiben Vollkorn-
   Sandwich-Toast
100 g Mini-Nudeln (z. B.
   Ditalini oder Mini-Farfalle)
Salz
1 Tomate (ca.100 g)
1/2 gelbe Paprikaschote
   (ca. 100 g)
1 Bio-Mini-Salatgurke
   (ca. 100 g)
150 g Naturjoghurt
1 TL Apfelessig
1 TL Zitronensaft
1 EL Mayonnaise
1/2 TL Senf
1 TL mildes Ayvar (Paprikapüree, aus dem Glas)
Pfeffer

Außerdem:

3 ofenfeste runde Schälchen
   (10 cm Ø)

1 Den Backofen auf 180° vorheizen. Die Toastscheiben nach Belieben entrinden und mit dem Nudelholz flach rollen (**Bild 1**). Die Brotscheiben vorsichtig mit den Fingern in die Schälchen drücken (**Bild 2**).

2 Die Schälchen auf ein Backblech setzen. Im heißen Backofen (Mitte, Umluft 160°) in 5–6 Min. goldbraun rösten. Herausnehmen und abkühlen lassen. Die Toastschälchen vorsichtig aus den Förmchen lösen (**Bild 3**).

3 Die Nudeln nach Packungsanweisung in kochendem Salzwasser bissfest garen. Die Tomate waschen und vierteln. Stielansatz und Kerne entfernen, das Fruchtfleisch fein würfeln. Die Paprika waschen, putzen und ebenfalls in kleine Würfelchen schneiden. Die Gurke waschen, längs halbieren und die Kerne herausschaben. Die Hälften fein würfeln.

4 Die Nudeln abgießen und gut abtropfen lassen. Mit den Gemüsewürfelchen in einer Schüssel mischen. Joghurt, Apfelessig, Zitronensaft, Mayonnaise, Senf und Ayvar zugeben. Alles gut untermischen und den Salat mit Salz und Pfeffer abschmecken. Zwei kleine und eine größere Portion Pastasalat in den Brotschälchen verteilen. Sofort servieren.

Clever vergrößern

Für den Kindergeburtstag die Zutatenmengen einfach verdoppeln oder verdreifachen und den Nudelsalat portionsweise in bunten Papp-Trinkbechern mit Plastiklöffeln anrichten. Das verringert den »Matsch-Faktor« ungemein!

Clever variieren

Wenn's schnell gehen soll: Die Toastschälchen weglassen und den Pastasalat einfach ganz normal auf Tellern servieren.

Für Suppenkasper

Meine Suppe ess' ich … ganz bestimmt – weil sie nämlich auch heute wieder super lecker schmeckt!

Für 2 kleine und 2 große Esser

300 g Möhren
100 g Lauch
1 Knoblauchzehe
1 EL Öl
400 ml ungesüßte Kokosmilch (aus der Dose)
300 ml Gemüsebrühe (Instant)
4 EL helle Sojasauce
1 EL Chili-Chicken-Sauce (aus Asienladen oder Supermarkt, ersatzweise 1 EL Birnendicksaft und 1 TL mildes Ayvar)
2 EL Limettensaft

Cocobello-Suppe

mit cremiger Kokosmilch | *im Bild links*
Zubereitung: ca. 25 Min. | *Pro Portion: ca. 90 kcal*

1 Die Möhren putzen, dünn schälen und auf der Gemüsereibe grob raspeln. Den Lauch putzen, längs halbieren und gründlich waschen. Die Hälften quer in feine Streifen schneiden. Den Knoblauch schälen und fein hacken.

2 Das Öl in einem Topf erhitzen und die Möhrenraspel, die Lauchstreifen und den Knoblauch darin unter Rühren 2–3 Min. andünsten.

3 Kokosmilch, Gemüsebrühe, Sojasauce und Chili-Chicken-Sauce einrühren. Die Suppe zugedeckt bei mittlerer Hitze 10–12 Min. sanft kochen lassen.

4 Den Limettensaft zugeben und die Suppe im Mixer oder mit dem Pürierstab fein pürieren. In vier Asia-Suppenschälchen oder Tassen füllen und servieren.

Grüner
Suppensee

*mit **Knusperfischchen** | Zubereitung: ca. 20 Min. | Pro Portion: ca. 310 kcal*

**Für 2 kleine
und 1 großen Esser**

2 Frühlingszwiebeln (50 g)
1 Knoblauchzehe
1 TL Öl
1 EL Butter
250 g tiefgekühlte Erbsen
400 ml Gemüsebrühe (Instant)
3 EL Frischkäse
Salz | Pfeffer
1/2 TL Birnendicksaft
  (s. Tipp Seite 21)
1 TL Apfelessig
100 g »Sesam-Fischli«
  (Salzgebäck aus der Tüte)

1 Die Frühlingszwiebeln waschen, putzen und quer in feine Ringe schneiden. Den Knoblauch schälen und fein hacken.

2 Das Öl und die Butter in einem Topf erhitzen. Die Frühlingszwiebeln und den Knoblauch darin unter Rühren 2–3 Min. anbraten. Die Erbsen einstreuen und die Gemüsebrühe angießen. Alles bei mittlerer Hitze 10–12 Min. sanft kochen lassen.

3 Den Frischkäse unterrühren. Die Suppe im Mixer oder mit dem Pürierstab sehr fein pürieren. Den Erbsenschaum bei Bedarf zusätzlich durch ein grobes Sieb streichen und so eventuell verbliebene Erbsenschalen entfernen.

4 Die Suppe mit Salz, Pfeffer, Birnendicksaft und Apfelessig abschmecken. In drei tiefen Tellern oder Schalen anrichten und jeweils einige »Fischli« daraufstreuen.

Clever einkaufen

Ob gekörnt, als Paste oder in Würfelform – **Gemüsebrühe** (gibt's im Supermarkt, Bio-Laden und Reformhaus) ist die ideale Suppenbasis für die schnelle Kinderküche: Schmeckt prima, ist rein pflanzlich und hat kaum Fett und Kalorien.

Clever für »Minis«

Wiener (oder Frankfurter) Würstchen in 4 cm lange Stücke schneiden. Je 3 Würstchenstücke nebeneinanderlegen und mit einem Holz-Zahnstocher feststecken. An einem zweiten Zahnstocher ein Namens-»Segel« aus Papier befestigen und senkrecht ins **Würstchen-Floß** stecken. In den Erbsensee setzen.

Gut zu wissen

Kochen Sie möglichst oft mit **Zwiebeln, Lauch und Knoblauch:** Alle drei besitzen natürliche antibiotische Stoffe, die das Immunsystem stärken und entzündungshemmend wirken.

Heiße Kartoffel-Tasse

mit Sahnehäubchen
Zubereitung: ca. 25 Min. | Pro Portion: ca. 140 kcal

Für 2 kleine und 2 große Esser

400 g vorwiegend festkochende Kartoffeln
100 g Lauch | 1 Knoblauchzehe | 1 EL Öl
1 TL Butter | 600 ml Gemüsebrühe (Instant)
50 g Sahne | Salz | Pfeffer | Muskatnuss,
frisch gerieben | 1 TL Apfelessig

1 Die Kartoffeln waschen, schälen, fein würfeln. Lauch putzen, längs halbieren, waschen und quer in feine Streifen schneiden. Den Knoblauch schälen und fein hacken.

2 Öl und Butter in einem Topf erhitzen. Kartoffeln, Lauch und Knoblauch darin unter Rühren 2–3 Min. anbraten. Gemüsebrühe zugießen, das Gemüse zugedeckt bei mittlerer Hitze 12–15 Min. sanft kochen lassen.

3 Sahne einrühren und das Gemüse mitsamt der Brühe sehr fein pürieren. Mit Salz, Pfeffer, Muskatnuss und Apfelessig würzen. In Puppengeschirrtässchen (für die Kleinen) bzw. Suppentassen füllen und servieren.

Clever dekorieren

Mit einem Häubchen Schlagsahne wird's im Handumdrehen eine **»Cappuccino-Kartoffel-Tasse«**.

Clever für »Minis«

Aus geröstetem Vollkorn-Toast mit kleinen Plätzchenausstechern **Croûtons in Bärchen-, Herz- oder Sternform** ausstechen und auf die Suppe streuen.

Olé-Suppe

heißes Mittelmeergemüse
Zubereitung: ca. 20 Min. | Pro Portion: ca. 180 kcal

Für 2 kleine Esser

1/2 rote Paprikaschote (ca. 100 g) | 1 Tomate
(ca. 100 g) | 1/2 Bio-Mini-Salatgurke (ca. 50 g)
1/4 Fenchelknolle (ca. 50 g) | 1 Knoblauchzehe
100 ml Gemüsebrühe (Instant) | 2 EL Crème
fraîche | 1 EL Aceto balsamico | Salz
Pfeffer | 4 dünne Baguettescheiben (ca. 60 g)
2 EL geriebener Pizzakäse (aus der Tüte)

1 Paprika waschen, putzen und grob würfeln. Tomate waschen, vierteln, Stielansatz und Kerne entfernen. Gurke waschen und längs halbieren. Kerne herausschaben, die Hälften grob würfeln. Fenchel waschen, putzen und grob hacken. Knoblauch schälen.

2 Gemüse und Knoblauch fein pürieren. Das Püree mit Brühe in einem Topf mischen und erhitzen. Die Crème fraîche und den Aceto balsamico einrühren. Die Suppe mit je 2–3 Prisen Salz und Pfeffer würzen und bei schwacher Hitze 5–6 Min. kochen lassen.

3 Das Brot in einer beschichteten Pfanne ohne Fett hellbraun rösten. In zwei tiefe Teller legen und die Suppe darübergießen. Mit je 1 EL Pizzakäse bestreuen und servieren.

Clever variieren

Im Sommer einfach mal Gemüsemenge und Gewürze verdoppeln, dafür Crème fraîche und Gemüsebrühe weglassen – und die Suppe eiskalt in Tassen als erfrischenden **»Gazpacho«** servieren.

Tomato-Suppe

rot und frisch | *Zubereitung: ca. 25 Min.* | *Pro Portion: ca. 75 kcal*

**Für 2 kleine
und 1 großen Esser**

1 Zwiebel (ca. 80 g)
1 Knoblauchzehe
500 g reife Tomaten
1 EL Öl
1/2 l Gemüsebrühe (Instant)
Salz | Pfeffer
Birnendicksaft (s. Tipp Seite 21)

1 Die Zwiebel und den Knoblauch schälen und fein hacken. Die Tomaten waschen und vierteln. Die Stielansätze entfernen und die Viertel grob würfeln.

2 Das Öl in einem Topf erhitzen. Zwiebel- und Knoblauchwürfel darin unter Rühren 2–3 Min. anbraten. Die Tomatenstücke zugeben und die Gemüsebrühe angießen. Alles offen bei mittlerer Hitze 10–12 Min. sanft kochen lassen.

3 Die Tomatenbrühe im Mixer oder mit dem Pürierstab cremig pürieren. Das Püree durch ein mittelgrobes Sieb in einen zweiten Topf streichen.

4 Die Tomato-Suppe mit Salz, Pfeffer und Birnendicksaft abschmecken. In drei tiefe Teller füllen und sofort servieren.

Clever variieren

Wie wär's mit einer **schnellen Suppeneinlage** – zum Beispiel mit Reis (gibt's auch schon vorgegart), in Butter knusprig gerösteten Weißbrotwürfelchen oder feinen Würstchenscheiben?

Rucki-Zucchi-Suppe

die sanfte »Grüne« | *Zubereitung: ca. 20 Min.* | *Pro Portion: ca. 90 kcal*

**Für 2 kleine
und 2 große Esser**

400 g Zucchini
2 Frühlingszwiebeln (ca. 40 g)
1 Knoblauchzehe
1 TL Butter
1 EL Öl
700 ml Gemüsebrühe (Instant)
2 EL fein gehackte Basilikum-
    blättchen
1 1/2 EL Apfelessig
3 EL Crème fraîche
Salz | Pfeffer

1 Die Zucchini waschen, putzen und auf der Gemüsereibe grob raspeln. Die Frühlingszwiebeln waschen, putzen und quer in feine Ringe schneiden. Den Knoblauch schälen und fein hacken.

2 Butter und Öl in einem Topf erhitzen. Die Zucchiniraspel, Frühlingszwiebeln und den Knoblauch darin unter Rühren 2–3 Min. anbraten. Die Gemüsebrühe angießen und das Basilikum einstreuen. Alles zugedeckt bei mittlerer Hitze 8–10 Min. sanft kochen lassen.

3 Apfelessig und Crème fraîche zugeben. Die Suppe im Mixer oder mit dem Pürierstab fein pürieren. Mit Salz und Pfeffer abschmecken. Sofort servieren.

Clever dekorieren

Grissini-Stangen (aus dem Supermarkt) nach Belieben mit je 1 hauch-dünnen Scheibe **Parmaschinken** umwickeln. Die Suppe in Suppen-tassen füllen und je 2 Grissini-Stangen als »Brücke« darüberlegen.

Minestrone

schön bunt – und mit Nudeln! | *Zubereitung: ca. 30 Min.* | *Pro Portion: ca. 225 kcal*

Für 2 kleine und
2 große Esser

2 Frühlingszwiebeln (ca. 40 g)
1 Knoblauchzehe
1/2 Stange Lauch (ca. 50 g)
1 kleiner Zucchino (ca. 50 g)
1 kleine Möhre (ca. 50 g)
1/4 rote Paprikaschote
  (ca. 50 g)
200 g vorwiegend festkochende
  Kartoffeln
2 EL Olivenöl
300 ml passierte Tomaten
  (aus Flasche oder Dose)
300 ml Gemüsebrühe (Instant)
2 EL fein gehackte Basilikumblättchen
2 EL Aceto balsamico
Salz | Pfeffer
100 g kleine Nudeln
frisch geriebener Parmesan
  (nach Belieben)

1 Die Frühlingszwiebeln waschen, putzen und quer in feine Ringe schneiden. Knoblauch schälen und fein hacken. Lauch putzen, längs halbieren und gründlich waschen. Die Hälften quer in feine Streifen schneiden.

2 Zucchino waschen, putzen und längs vierteln. Die Viertel in feine Scheiben schneiden. Die Möhre putzen, schälen und längs halbieren. Die Hälften ebenfalls quer in feine Scheiben schneiden. Paprika waschen, putzen und längs halbieren. Die Hälften quer in feine Streifen schneiden. Kartoffeln waschen, schälen und in ca. 1 cm große Würfel schneiden.

3 Das Olivenöl in einem Topf erhitzen. Die Frühlingszwiebeln und den Knoblauch darin unter Rühren 1–2 Min. anbraten. Dann die Gemüsestücke einstreuen und alles unter Rühren 3–4 Min. weiterbraten.

4 Tomaten, Gemüsebrühe, Basilikum und Aceto balsamico einrühren. Die Suppe mit 3–4 Prisen Salz und Pfeffer würzen und bei mittlerer Hitze 10–12 Min. sanft kochen lassen.

5 Inzwischen die Nudeln nach Packungsanweisung in kochendem Salzwasser bissfest garen. Abgießen und abtropfen lassen. Die Nudeln unter die Suppe heben. Die Minestrone nochmals abschmecken und nach Belieben mit Parmesan bestreut servieren.

Besonders clever!

Das »Schul-Special«: Minestrone mit **Buchstabennudeln** (aus Supermarkt oder Bio-Laden) – die machen schon beim Essen echt clever.

Clever vorbereiten

Einfach die **doppelte oder dreifache Menge** kochen und die Minestrone portionsweise einfrieren. Die Nudeln jeweils frisch dazu kochen.

»So-viel-du-magst«-Suppe

leicht und lecker
Zubereitung: ca. 25 Min. | Pro Portion: ca. 70 kcal

Für 2 kleine und 2 große Esser

1 kleine Möhre (ca. 50 g) | 1/2 Zucchino
(ca. 50 g) | 1/4 rote Paprikaschote (ca. 50 g)
50 g Zuckerschoten | 1 kleine Stange Lauch
(ca. 80 g) | 800 ml Gemüsebrühe (Instant)
2 EL helle Misopaste (aus dem Asienladen)
60 g Glasnudeln | 4 EL helle Sojasauce
2 EL Limettensaft

1 Möhre putzen, schälen und quer in hauchdünne Scheiben schneiden. Den Zucchino
waschen, putzen und quer in Scheiben
schneiden. Je 2–3 Scheiben aufeinanderlegen
und längs in feine Streifen schneiden.

2 Paprika waschen, putzen, längs halbieren.
Hälften quer in feine Streifen schneiden.
Zuckerschoten waschen, putzen und schräg
in Streifen schneiden. Lauch putzen, längs
vierteln und gründlich waschen. Die Viertel
quer in ca. 2 cm breite Streifen schneiden.

3 Gemüsebrühe erhitzen. Die Misopaste mit
dem Schneebesen gründlich einrühren. Das
Gemüse einstreuen und die Suppe bei mittlerer Hitze 6–8 Min. sanft kochen lassen.

4 Glasnudeln mit kochendem Wasser übergießen und 2–3 Min. ziehen lassen oder nach Packungsanweisung garen. Abgießen, abtropfen
lassen, mit einer Schere grob zerkleinern und
in die Suppe rühren. Diese mit Sojasauce und
Limettensaft abschmecken und servieren.

Heiße Tofu-Brühe

Für 2 kleine und 2 große Esser | 800 ml
Gemüsebrühe (Instant) mit 2 EL Misopaste,
4 EL heller Sojasauce und 2 EL Limettensaft in
einem großen Topf erhitzen. 50 g Chinakohl
waschen, putzen und in feine Streifen schneiden. 1/2 Stange Lauch (ca. 50 g) putzen, gründlich waschen und quer in feine Ringe schneiden. 1 Bio-Mini-Salatgurke (ca. 100 g) waschen
und längs halbieren. Die Kerne mit einem Tee-
löffel herausschaben und die Hälften quer in
hauchdünne Scheiben schneiden. 200 g Tofu
(schnittfester Sojabohnenquark, aus dem Bio-
Laden oder Reformhaus) ca. 1 cm groß würfeln.
Gemüse und Tofu zur Brühe geben, 5–6 Min.
sanft kochen lassen. Die Suppe nach Belieben
mit Kresse bestreut servieren.

Besonders clever!

Dies ist die ideale Suppe für »Gernesser-Kids«: Sie
schmeckt lecker, hat aber nur **wenig Fett und Kalorien** – da darf Ihr Kind auch ruhig mal öfter zugreifen.

Gut zu wissen

In Japan kommt **Misopaste** praktisch täglich auf den
Tisch. Kein Wunder: Die würzige Masse aus fermen-
tierten Sojabohnen schmeckt lecker und ist super-
gesund. Sie enthält das seltene Vitamin B_{12}, das für
die Bildung der roten Blutkörperchen zuständig ist.
Bei regelmäßigem Verzehr soll die Paste sogar vor
schädlichen Umweltgiften schützen. Wenn Sie keinen Asienladen in Ihrer Nähe haben: die Paste gibt's
auch übers Internet (s. Seite 7).

Suppen-Rausfisch-Topf

für Gemüse-Angler | *Zubereitung: ca. 30 Min.* | *Ruhen: 30 Min.* | *Pro Portion: ca. 340 kcal*

**Für 2 kleine
und 2 große Esser**

Für die Pfannkuchen:

40 g Butter | 200 ml Milch
3 Eier (Größe M) | 80 g Mehl
Salz | Muskatnuss, frisch
gerieben | Öl

Für die Suppe:

1 1/2 l Gemüsebrühe (Instant)
2 Hähnchenbrustfilets
(ca. 250 g) | 1 Stange Lauch
(ca. 100 g) | 2 Möhren (ca.
100 g) | 200 g Blumenkohl

Clever variieren

1 Stange Lauch (ca. 100 g) putzen, waschen und in feine Ringe schneiden. **500 g Blumenkohl** putzen, in Röschen teilen und waschen. **1 EL Butter** in einem Topf erhitzen und den Lauch darin andünsten. Den Blumenkohl einstreuen und 2–3 Min. mitdünsten. **1 l Gemüsebrühe** angießen und bei mittlerer Hitze ca. 15 Min. sanft kochen lassen. **2 EL Crème fraîche** unterrühren und die Suppe fein pürieren. Mit **1 EL Apfelessig** und je 3–4 Prisen **Salz, Pfeffer** und frisch geriebener **Muskatnuss** würzen. Mit den Pfannkuchenröllchen servieren.

1 Für die Pfannkuchen die Butter schmelzen. Mit der Milch und den Eiern mit dem Handrührgerät in einer Schüssel gründlich verquirlen. Das Mehl und je 2–3 Prisen Salz und Muskatnuss zugeben. Den Teig nochmals gut durchrühren und mindestens 30 Min. quellen lassen.

2 Für die Suppe die Gemüsebrühe in einem Topf erhitzen. Das Fleisch waschen, trocken tupfen und in ca. 2 cm große Stücke schneiden. In die heiße Brühe geben.

3 Den Lauch putzen, längs aufschlitzen, waschen und quer in Ringe schneiden. Die Möhren putzen, schälen und in feine Scheiben schneiden. Den Blumenkohl putzen, in Röschen teilen und waschen. Die Gemüse in die Brühe streuen und bei mittlerer Hitze ca. 15 Min. sanft kochen lassen.

4 In einer beschichteten Pfanne 1 EL Öl erhitzen. 1 Schöpfkelle Teig hineingießen und rasch in der Pfanne schwenken, bis der Boden gleichmäßig bedeckt ist. Den Pfannkuchen bei mittlerer Hitze 2–3 Min. braten. Wenden und die zweite Seite in ca. 2–3 Min. hellbraun backen. Den fertigen Pfannkuchen auf einem Teller abkühlen lassen. Auf diese Weise noch 5 dünne Pfannkuchen backen.

5 Je zwei Pfannkuchen aufeinanderlegen und aufrollen. Die Rollen quer in feine Scheiben schneiden. Je eine Handvoll Pfannkuchenröllchen in vier Suppenteller legen und mit heißer Suppe auffüllen.

Clever für »Minis«

Die Pfannkuchenröllchen in tiefe Teller legen. Die Suppe in einer Schüssel auf den Tisch stellen und kleine **Asia-Fondue-Siebe** (Asienladen) austeilen. Damit dürfen die Kids Gemüse und Fleisch rausfischen.

Für Mini-Veggies

Mal ganz ohne Fleisch – da werden selbst Mäkel-Kids zu Gemüse-liebhabern. Und wenn das Wort »Pizza« fällt, sowieso:

Für 2 kleine Esser

400 g vorwiegend festkochende
   Kartoffeln
Salz | 1 EL Butter
2 EL Milch
4 EL passierte Tomaten
   (aus Flasche oder Dose,
   ersatzweise 4 EL Tomatensauce, s. Seite 21)
2 EL fein gehackte Basilikumblättchen (ersatzweise
   Oreganoblättchen)
4 EL geriebener Pizzakäse
   (aus der Tüte)

Clever variieren

Belegen Sie die Kartoffelbrei-Pizza
nach Lust und Laune noch mit
**Champignonscheiben, Paprika-
streifen, Rucolablättern** oder ein-
gelegten **Artischockenherzen.**
Und wer's gerne herzhaft möchte,
legt noch ein paar **Schinkenwürfelchen** oder **Salamischeiben** drauf.

Kartoffelbrei-Pizza

Gibt's nur selbst gemacht! | *im Bild links*
Zubereitung: ca. 30 Min. | *Pro Portion: ca. 235 kcal*

1 Die Kartoffeln waschen, schälen und in kleine Würfel
   schneiden. Die Würfel in einem kleinen Topf knapp mit
   Wasser bedecken und aufkochen. Mit 1–2 Prisen Salz würzen und bei mittlerer Hitze 8–10 Min. sanft kochen lassen.

2 Den Backofen auf 180° vorheizen. Die Kartoffelwürfel in
   ein Sieb abgießen, kurz abtropfen lassen und zurück in
   den Topf geben. Mit Butter und Milch mit dem Kartoffel-
   stampfer fein zerdrücken. (Nicht den Pürierstab verwenden,
   er macht den Brei »glasig«.) Den Kartoffelbrei mit Salz
   abschmecken.

3 Den Kartoffelbrei kreisförmig auf zwei ofenfesten Tellern
   verteilen. Die passierten Tomaten daraufstreichen, leicht
   salzen und pfeffern. Mit Basilikum und Pizzakäse bestreuen.
   Die Pizzen im Backofen (Mitte, Umluft 160°) ca. 8 Min.
   backen, bis der Käse geschmolzen ist. Herausnehmen, kurz
   abkühlen lassen und servieren.

Salat am Stiel

für Dip-Fans
Zubereitung: ca. 15 Min. | Pro Portion: ca. 75 kcal

Für 2 kleine Esser

1/4 gelbe Paprikaschote (ca. 50 g)
6 Mini-Romana-Salatblätter (ca. 50 g)
6 Kirschtomaten (ca. 50 g) | 1/2 Bio-Mini-
Salatgurke (ca. 50 g) | 150 g Naturjoghurt
je 1 EL Zitronensaft und Orangensaft | Salz
Pfeffer | Birnendicksaft (s. Tipp Seite 21)

Außerdem:

6 Holz-Schaschlikspieße

1 Die Paprikaschote waschen, putzen und in sechs gleich große Stücke schneiden. Die Salatblätter putzen, waschen und trocken tupfen. Die Tomaten waschen. Gurke schälen und quer in sechs Stücke schneiden.

2 Auf jeden Schaschlikspieß 1 aufgerolltes Salatblatt, 1 Tomate, 1 Paprikastück und 1 Stück Gurke stecken.

3 Joghurt mit Zitronen- und Orangensaft verrühren. Mit Salz, Pfeffer und Birnendicksaft abschmecken und die Sauce in zwei Dip-Schälchen füllen. Zu den Salatspießen servieren.

Besonders clever!

Lecker dazu: **Knusperbrot.** Dafür 1 quer halbiertes Baguette mit einem scharfen Messer längs in dünne Scheiben schneiden. Die Scheiben auf ein mit Backpapier belegtes Blech legen und im vorgeheizten Backofen bei 200° (Mitte, Umluft 180°) in 6–8 Min. knusprig goldbraun rösten.

Quattro-Formaggi-Omelett

Käsefreunde, aufgepasst …
Zubereitung: ca. 15 Min. | Pro Portion: ca. 225 kcal

Für 1–2 kleine Esser

2 Eier (Größe M) | Salz | Pfeffer | 2 Mini-
Mozzarellabällchen (ca. 20 g) | 20 g Bel Paese
(ital. Weichkäse, ersatzweise junger Gouda)
1 EL frisch geriebener Parmesan | 1 EL geriebener Pizzakäse (aus der Tüte) | 1 EL Öl

1 Eier mit je 2–3 Prisen Salz und Pfeffer verquirlen. Mozzarella und Bel Paese klein würfeln, mit Parmesan und Pizzakäse hineinrühren.

2 Das Öl in einer beschichteten Pfanne erhitzen. Den Ei-Käse-Schaum hineingießen und zugedeckt bei mittlerer Hitze 3–4 Min. braten. Pfanne mit Deckel umdrehen. Wieder auf den Herd stellen, Omelett vom Deckel in die Pfanne gleiten lassen und auf der zweiten Seite zugedeckt nochmals 3–4 Min. braten.

3 Das Omelett auf einen Teller gleiten lassen und zusammenklappen. (Für den kleinen Hunger oder für kleinere Kinder das Omelett einfach halbieren.)

Clever für »Minis«

Als Extra gibt's **Omelett-Frösche.** Dafür Kirschtomaten in der Mitte einmal einschneiden, etwas aufklappen. Mit einem Zahnstocher über dem Schnitt zwei Löcher für die Augen bohren. Aus einem Stück Salatgurke zwei Augen und eine Zunge schneiden und in die Tomaten stecken. Die »Frösche« aus dem zusammengeklappten Omelett herausschauen lassen.

Tortilla
-Ecken

kommt einem »echt« spanisch vor … | *Zubereitung: ca. 25 Min.* | *Pro Portion: ca. 260 kcal*

Für 2 kleine Esser

300 g vorwiegend festkochende
  Kartoffeln
1 kleine Zwiebel (ca. 50 g)
1 Knoblauchzehe
2 EL Olivenöl
Salz | Pfeffer
2 Eier (Größe M)

1 Die Kartoffeln waschen, schälen und quer in feine Scheiben schneiden. Die Zwiebel schälen und längs halbieren. Die Hälften quer in feine Streifen schneiden. Den Knoblauch schälen und klein würfeln.

2 In einer beschichteten Pfanne (ca. 20 cm Ø) 1 EL Öl erhitzen. Die Kartoffelscheiben und Zwiebelstreifen hineingeben. Leicht mit Salz und Pfeffer würzen und gut vermischen. Das Gemüse zugedeckt bei schwacher Hitze 8–10 Min. garen, dabei ein- bis zweimal vorsichtig mit dem Pfannenwender wenden.

3 Die Eier in einer Schüssel mit je 2–3 Prisen Salz und Pfeffer verquirlen. Die Pfanne vom Herd nehmen und die Bratkartoffeln kurz abkühlen lassen. Die Bratkartoffeln unter den Eierschaum heben.

4 In der Pfanne 1 EL Öl erhitzen und die Kartoffel-Ei-Masse darin zugedeckt bei mittlerer Hitze in 5–6 Min. stocken lassen. Ist die Eimasse an der Oberseite noch sehr weich, die Tortilla wenden. Dafür die Pfanne mit Deckel umdrehen. Wieder auf den Herd stellen und die Tortilla vorsichtig vom Deckel in die Pfanne gleiten lassen. Die Tortilla auf der zweiten Seite nochmals 1–2 Min. braten.

5 Die Tortilla aus der Pfanne auf einen Teller gleiten lassen und in Viertel oder Achtel schneiden.

Clever vorbereiten

Die Kartoffel-Tortilla können Sie auch schon **1–2 Std. vor dem Essen zubereiten** und kalt servieren. Auch als **Brötchenbelag** mit einem Klecks Kinder-Ketchup (s. Tipp Seite 31) schmeckt sie sehr lecker.

Clever für »Minis«

Die etwas abgekühlten Tortilla-Ecken mit einer Serviette in **Kaufladentüten** (aus Spielzeuggeschäft oder Kaufhaus) anrichten und einfach mit den Fingern essen.

Halloumi-Sandwich

waschechter Veggie-Burger | Zubereitung: ca. 10 Min. | Pro Portion: ca. 375 kcal

Für 2 kleine Esser

2 EL griechischer Sahnejoghurt
1 TL Zitronensaft
1 TL Sumach (s. Tipp)
Salz | Pfeffer
2 Eissalatblätter (ca. 30 g)
2 geröstete rote Paprikaschoten
  (ca. 40 g, aus dem Glas)
1 Tomate (ca. 80 g)
2 weiche Brötchen
  (z. B. Dinkel-Ciabattini)
100 g Halloumi-Käse
  (Bratkäse aus Zypern,
  aus dem Supermarkt)
1 EL Öl

1 Den Joghurt mit Zitronensaft, Sumach und je 2–3 Prisen Salz und Pfeffer verrühren. Die Salatblätter waschen und mit Küchenpapier trocken tupfen. Die Paprikaschoten abtropfen lassen und längs halbieren. Die Tomate waschen, den Stielansatz entfernen und die Frucht quer in Scheiben schneiden.

2 Die Brötchen aufschneiden, aber nicht ganz durchtrennen. Aufklappen und das weiche Innere etwas entfernen. Den Halloumi in zwei gleich große Stücke schneiden. Das Öl in einer kleinen Pfanne erhitzen und die Käsestücke darin von jeder Seite in 3–4 Min. goldbraun braten.

3 Die Brötchen mit Eissalat, Paprikastücken, Tomatenscheiben, Halloumi und der Joghurtsauce füllen. Leicht zusammendrücken und sofort servieren.

Clever einkaufen

Sumach ist ein türkisches Würzpulver aus Essigbaumfrüchten. Es ist schön granatrot und schmeckt super in Saucen oder Salaten. Sie bekommen es in jedem türkischen Lebensmittelgeschäft.

Bella-Italia-Crostini

Tomaten und Mozzarella mal anders | Zubereitung: ca. 25 Min. | Pro Portion: ca. 190 kcal

**Für 2 kleine
und 1 großen Esser**

400 g reife Tomaten
1 Knoblauchzehe
2 EL fein gehackte Basilikumblättchen
1 EL Aceto balsamico
1 EL Olivenöl
Salz | Pfeffer
8 Mini-Mozzarellabällchen
   (ca. 80 g)
4 Scheiben Vollkorn-
   Sandwich-Toast

1 Die Tomaten kreuzförmig einritzen. In einer Schüssel mit kochendem Wasser übergießen und 3–4 Min. ziehen lassen. In ein Sieb abgießen, kalt abspülen und häuten. Die Tomaten vierteln. Kerne und Stielansätze entfernen, das Fruchtfleisch fein würfeln. Die Tomatenstückchen in ein Sieb geben und gut abtropfen lassen.

2 Die Tomatenstücke in eine Schüssel füllen. Den Knoblauch schälen und dazupressen. Basilikum, Aceto balsamico und Öl unterrühren. Mit Salz und Pfeffer würzen. Die Mozzarellabällchen halbieren.

3 Brotscheiben im Toaster knusprig rösten. Toasts diagonal halbieren, sodass Dreiecke entstehen. Die Tomatenmischung auf den gerösteten Brotecken verteilen und je 1 Mozzarellahälfte darauflegen. Die Crostini sofort servieren.

Käse-Rösti

kleine »Schweizer«-Pizza
Zubereitung: ca. 20 Min. | Pro Portion: ca. 195 kcal

Für 1–2 kleine Esser

1 große vorwiegend festkochende Kartoffel
(ca. 150 g) | 1 kleiner Zucchino (ca. 100 g)
2 EL gehackte Basilikumblättchen
1 Ei (Größe M) | Salz | Pfeffer | 1 TL Öl
3 EL geriebener Pizzakäse (aus der Tüte)

1 Kartoffel waschen und schälen. Den Zucchino waschen und putzen. Beides auf der Gemüsereibe grob raspeln. Die Gemüseraspel
in einer Schüssel mit Basilikum, Ei und je
3–4 Prisen Salz und Pfeffer vermischen.

2 In einer beschichteten Pfanne (ca. 20 cm Ø)
1 TL Öl erhitzen. Die Gemüsemischung
gleichmäßig darin verstreichen und zugedeckt bei mittlerer Hitze 5–6 Min. braten.
Die Pfanne mit Deckel umdrehen. Wieder
auf den Herd stellen und den Rösti vorsichtig vom Deckel in die Pfanne gleiten lassen.
Den Rösti auf der zweiten Seite zugedeckt
weitere 4–5 Min. braten.

3 Den Pizzakäse auf den Rösti streuen und
zugedeckt in 2–3 Min. schmelzen lassen.
Den Rösti mit einem Pfannenwender
etwas anheben und vorsichtig auf einen
Teller gleiten lassen. Sofort servieren.

Gut zu wissen

Die Kombination aus Kartoffel, Ei und Käse liefert
für kleine »Veggies« auch ohne tierische Produkte
eine ausreichende Portion **vollwertiges Eiweiß.**

Riesen-Baguette

auch prima als Picknickfutter
Zubereitung: ca. 20 Min. | Pro Portion: ca. 595 kcal

Für 2 kleine Esser

2 Frühlingszwiebeln (ca. 40 g) | 1 Knoblauch-
zehe | 40 g weiche Butter | Salz | 1 TL Öl
2 Eier (Größe M) | Pfeffer | 4 Eissalatblätter
2 geröstete rote Paprikaschoten (ca. 40 g,
aus dem Glas) | 2 kleine Tomaten (à ca. 80 g)
1 Baguette (ca. 250 g)

1 Die Frühlingszwiebeln waschen und putzen.
Knoblauch schälen. Beides fein hacken. Die
Würfelchen in einer Schüssel mit der Butter
verrühren. Mit 3–4 Prisen Salz würzen.

2 Das Öl in einer beschichteten Pfanne erhitzen und die Eier einzeln hineinschlagen. Ei-
gelbe anstechen und zerlaufen lassen. Mit je
1–2 Prisen Salz und Pfeffer würzen. Zugedeckt 3–4 Min. braten, bis Eiweiß und Eigelb
fest sind. Herausnehmen, abkühlen lassen.

3 Die Salatblätter waschen, putzen und trocken tupfen. Paprika abtropfen lassen und
längs halbieren. Tomaten waschen, ohne
Stielansätze quer in Scheiben schneiden.

4 Das Baguette quer halbieren. Hälften längs
einschneiden, aber nicht trennen. Mit der
Frühlingszwiebelbutter bestreichen und mit
Eissalat, Paprikaschoten, Tomatenscheiben
und je 1 gebratenen Ei belegen. Zusammenklappen und gut andrücken. Die Baguettes
sofort servieren oder zum Mitnehmen in
Folie oder Butterbrotpapier wickeln.

Couscous
mit Konfetti-Sauce

Alles so schön bunt hier ... | *Zubereitung: ca. 20 Min.* | *Pro Portion: ca. 275 kcal*

Für 2 kleine Esser

je 1/2 rote und gelbe Paprikaschote (à ca. 50 g)
1/2 Zucchino (ca. 50 g)
1 kleine Zwiebel (ca. 50 g)
1 Knoblauchzehe
1 EL Olivenöl
1 kleine Dose Tomaten (240 g
Abtropfgewicht)
2 EL Aceto balsamico
200 ml Gemüsebrühe (Instant)
1 EL Ahornsirup
Salz | Pfeffer
100 g Instant-Couscous
gemahlene Kurkuma

1 Die Paprikaschoten und den Zucchino waschen und putzen. Beides in 5 mm große Würfelchen schneiden. Die Zwiebel schälen und ebenfalls sehr fein würfeln. Den Knoblauch schälen und fein hacken.

2 Das Olivenöl in einem Topf erhitzen. Die Gemüse-, Zwiebel- und Knoblauchwürfelchen darin bei mittlerer Hitze 2–3 Min. unter Rühren anbraten. Die Tomaten zugeben und mit einer Gabel leicht zerdrücken. Den Aceto balsamico, 50 ml Gemüsebrühe und Ahornsirup einrühren. Die Sauce mit je 3–4 Prisen Salz und Pfeffer würzen und bei schwacher Hitze 6–8 Min. sanft kochen lassen.

3 Die restliche Gemüsebrühe erhitzen. Den Couscous in einer Schüssel mit der Brühe übergießen und mit 2–3 Prisen Kurkuma würzen. Alles gut mischen und 3–4 Min. quellen lassen. (Alternativ den Couscous nach Packungsanweisung zubereiten.) Den Couscous als Häufchen auf zwei tiefe Teller setzen und die Konfetti-Sauce rundherum verteilen.

Gut zu wissen

Mit **Kurkuma** (gibt's im Gewürzregal des Supermarkts oder im Asienladen) kann man ganz schnell Reis, Couscous, Nudeln, Suppen und Saucen appetitlich gelb färben. Deshalb heißt das Gewürz auch **Gelbwurz.** Abgesehen von seiner Farbkraft hat es auch gesundheitlich einiges zu bieten: So fördert es die Verdauung und wirkt entzündungshemmend.

Clever variieren

Auch lecker: Abgetropfte **Kichererbsen** (aus der Dose) unter die Konfetti-Sauce heben. Aber testen Sie erst, ob Ihre Kids diese doch etwas ungewöhnlichen Hülsenfrüchte mögen. Wenn ja, wär's prima, denn sie enthalten neben vielen gesundheitsfördernden **sekundären Pflanzenstoffen** auch eine Extraportion **pflanzliches Eiweiß**.

Asia-Reispfännchen

mit gebackenem Ei | *Zubereitung: ca. 30 Min.* | *Pro Portion: ca. 385 kcal*

Für 2 kleine Esser

125 g Naturreis im Kochbeutel
Salz
1 Frühlingszwiebel (ca. 20 g)
1/2 Stange Lauch (ca. 80 g)
1/2 Bio-Mini-Salatgurke
  (ca. 50 g)
1/4 rote Paprikaschote
  (ca. 50 g)
1 Knoblauchzehe
1 EL Öl
4 EL helle Sojasauce
2 EL Limettensaft
1 EL milde Chili-Chicken-Sauce
  (aus Asienladen oder
  Supermarkt, ersatzweise
  Birnendicksaft)
2 Eier (Größe M)
Pfeffer

1 Den Kochbeutelreis nach Packungsanweisung in kochendem Salzwasser ca. 10 Min. garen. Den Beutel herausheben, abtropfen lassen und aufschneiden. Den Reis auf einen Teller geben.

2 Inzwischen Frühlingszwiebel waschen, putzen und in 3 cm lange Stücke schneiden. Lauch putzen, längs aufschlitzen und gründlich waschen. Die Stange ebenfalls in 3 cm lange Stücke schneiden. Die Frühlingszwiebel- und Lauchstücke längs in feine Streifen schneiden. Die Gurke waschen, längs vierteln und die Kerne herausschaben. Die Viertel erst quer in 3 cm lange Stücke, dann längs in Streifen schneiden. Die Paprika waschen, putzen und in feine Streifen schneiden. Knoblauch schälen und fein hacken.

3 Den Backofen auf 200° vorheizen. Das Öl in einer Pfanne erhitzen. Die Gemüsestreifen und den Knoblauch darin unter Rühren 3–4 Min. anbraten. Den Reis zugeben und mit Sojasauce, Limettensaft und Chili-Chicken-Sauce würzen. Alles gut mischen und 2–3 Min. weitergaren.

4 Den Gemüsereis auf zwei ofenfeste Förmchen oder tiefe Teller verteilen. Den Reis an den Rand schieben, sodass in der Mitte ein freier Kreis entsteht. In jeden Reisring 1 Ei aufschlagen. Mit je 1–2 Prisen Salz und Pfeffer bestreuen. Die Reispfännchen im heißen Backofen (Mitte, Umluft 180°) 8–10 Min. garen, bis das Eiweiß fest ist. Die Pfännchen bei Bedarf mit Alufolie abdecken.

Clever dazu

Eine feine Beilage: knusprig gebratene **vegetarische Mini-Frühlings-röllchen** (gibt's tiefgekühlt im Asienladen und Supermarkt).

Clever tauschen

Den Naturreis können Sie auch durch **Basmati- oder Langkornreis** ersetzen (gibt's beides auch im Kochbeutel). Oder – wenn's besonders schnell gehen muss – nehmen Sie einfach **2 Becher vorgegarten Naturreis** (à 125 g, aus dem Supermarkt).

Mini-Semmelknödel
mit Champignonrahm

echt bayerisch | *Zubereitung: ca. 45 Min.* | *Pro Portion: ca. 445 kcal*

**Für 2 kleine
und 2 große Esser**

Für die Knödel:

200 g Knödelbrot (s. Tipp)
2 Eier (Größe M)
150 ml lauwarme Milch
1 kleine Zwiebel (ca. 50 g)
1 EL Butter
2 EL fein gehackte Petersilie
Salz | Pfeffer
Muskatnuss, frisch gerieben

Für den Champignonrahm:

800 g Champignons
100 g Frühlingszwiebeln
2 Knoblauchzehen
2 TL Butter | 2 EL Öl
400 ml Gemüsebrühe (Instant)
100 g Sahne
1 EL mildes Ayvar (Paprikapüree, aus dem Glas)
4 EL Crème fraîche
1–2 EL Zitronensaft
Salz | Pfeffer
3 EL Schnittlauchröllchen

1 Für die Semmelknödel das Knödelbrot mit den Eiern und der Milch gründlich mischen (**Bild 1**). Zwiebel schälen und sehr fein hacken. Die Butter in einer Pfanne erhitzen. Zwiebel und Petersilie darin bei schwacher Hitze 5–6 Min. braten. Mit je 3–4 Prisen Salz, Pfeffer und Muskatnuss würzen und zum Knödelteig geben. Alles gut mischen, bis eine homogene Masse entsteht. Den Teig mindestens 15 Min. ruhen lassen.

2 Aus dem Teig mit feuchten Händen ca. 15 pflaumengroße Knödel formen (**Bild 2**). Diese in leicht kochendem Salzwasser bei schwacher Hitze 20 Min. ziehen lassen (**Bild 3**).

3 Für den Champignonrahm die Pilze trocken abreiben, putzen und längs in feine Scheiben schneiden. Frühlingszwiebeln waschen, putzen, in feine Ringe schneiden. Knoblauch schälen und klein würfeln. 1 TL Butter und 1 EL Öl in einer großen Pfanne erhitzen. Champignons, Frühlingszwiebeln und Knoblauch mischen und in zwei Portionen darin unter Rühren anbraten. Die erste Portion wieder zugeben.

4 Brühe und Sahne angießen. Ayvar untermischen und das Gemüse bei mittlerer Hitze 6–8 Min. sanft kochen lassen. Crème fraîche unterziehen und den Pilzrahm mit Zitronensaft, Salz und Pfeffer würzen. Die Semmelknödel mit dem Champignonrahm in vier tiefen Tellern anrichten. Mit den Schnittlauchröllchen bestreuen.

Clever variieren

Auch super zum Champignonrahm: **Spinatspätzle** (s. Seite 77) oder frische **Gnocchi** (aus dem Kühlregal).

Clever einkaufen

In Süddeutschland gibt es **Knödelbrot** fertig geschnitten und abgepackt in jedem Supermarkt. Wer oberhalb des »Weißwurst-Äquators« wohnt, kann sich sein Knödelbrot auch **selber machen:** Dafür 1–2 Tage altes Weißbrot oder Brötchen in hauchdünne Scheiben schneiden.

Pellkartoffeln mit Ampel-Dips

Quark in Rot, Grün und Gelb | *Zubereitung: ca. 30 Min.* | *Pro Portion: ca. 260 kcal*

**Für 2 kleine
und 2 große Esser**

700–800 g vorwiegend
festkochende Kartoffeln
Salz
1 Knoblauchzehe
400 g Quark (20 % Fett)
3 EL Zitronensaft
4 EL Orangensaft
1 TL Senf
Pfeffer

Für den roten Quark:

1 Tomate (ca. 120 g)
1 EL mildes Ayvar (Paprikapüree, aus dem Glas)
1 TL Aceto balsamico

Für den grünen Quark:

1 Bio-Mini-Salatgurke
(ca. 100 g)
1 Frühlingszwiebel (ca. 20 g)
1 EL fein gehackte Basilikumblättchen

Für den gelben Quark:

1/2 gelbe Paprikaschote
(ca. 100 g)
1 hart gekochtes Ei (Größe M)
1 TL Senf

1 Die Kartoffeln waschen und in einem Topf mit Wasser bedecken. Leicht salzen und zugedeckt ca. 20 Min. garen. Abgießen und ausdampfen lassen. Die Knollen pellen.

2 Inzwischen den Knoblauch schälen und in eine Schüssel pressen. Mit Quark, Zitronen- und Orangensaft, Senf und je 3–4 Prisen Salz und Pfeffer verrühren. Den Quark in drei Portionen teilen.

3 Für den roten Quark die Tomate waschen und vierteln. Stielansatz und Kerne entfernen, die Frucht fein würfeln. Die Tomatenwürfel mit Ayvar und Aceto balsamico in eine Quarkportion rühren. Mit Salz und Pfeffer abschmecken.

4 Für den grünen Quark die Gurke waschen, längs vierteln und die Kerne herausschaben. Die Viertel in kleine Würfelchen schneiden. Frühlingszwiebel waschen, putzen und fein hacken. Die Gurken- und Frühlingszwiebelwürfel mit dem Basilikum unter die zweite Quarkportion ziehen. Nochmals abschmecken.

5 Für den gelben Quark die Paprika waschen, putzen und in feine Würfel schneiden. Das Ei pellen und fein hacken. Die Paprika- und Eiwürfel mit dem Senf unter die letzte Quarkportion mischen. Nochmals abschmecken. Die Pellkartoffeln mit den Ampel-Dips servieren.

Clever variieren

Wie wär's denn mal mit **Ofen-Kartoffeln?** Dafür die gegarten Kartoffeln mit Schale einzeln in Alufolie wickeln. Auf ein Backblech legen und im vorgeheizten Backofen bei 200° (Mitte, Umluft 180°) ca. 15 Min. backen. Zum Servieren die Folie öffnen und die Kartoffeln längs einritzen. Je 1 Klecks Quark-Dip daraufsetzen.

1

2

3

Spätzle-Päckchen

ganz in Grün | *Zubereitung: ca. 30 Min.* | *Ruhen: ca. 15 Min.* | *Pro Portion: ca. 510 kcal*

**Für 2 kleine
und 2 große Esser**

Für die Spinatspätzle:

150 g tiefgekühlter
   gehackter Spinat
300 g Mehl
2 Eier (Größe M)
Salz | Pfeffer
Muskatnuss, frisch gerieben

Für die Spätzle-Päckchen:

2 große milde Zwiebeln
(à ca. 200 g) | 2 EL Öl
150 g geriebener Emmentaler
Salz | Pfeffer

Außerdem:

4 Bögen Backpapier
   (je ca. 40 x 40 cm)
4 Holz-Zahnstocher

Clever vorbereiten
Gleich die **doppelte Menge Spätzle** zubereiten und portionsweise in Gefrierbeuteln einfrieren.

Clever tauschen
Statt Zwiebelringen und Emmentaler pro Päckchen 3–4 EL Tomatensauce (s. Seite 21), 4–6 Mini-Mozzarella- bällchen und 1–2 EL frisch gerie- nen Parmesan verwenden – dann gibt's **»Spätzle italiano«!**

1 Den Spinat nach Packungsanweisung in einem Topf mit 1–2 EL Wasser bei schwacher Hitze in 6–8 Min. auftauen lassen. Mit Mehl, Eiern und 30 ml Wasser zu einem Teig ver- kneten. Den Teig mit je 4–5 Prisen Salz, Pfeffer und Muskat- nuss würzen und 10–15 Min. quellen lassen.

2 In einem großen Topf reichlich Salzwasser aufkochen lassen. Den Spätzleteig in zwei Portionen mit dem Spätzlehobel (s. Tipp) ins kochende Wasser schaben (**Bild 1**) oder durch die Spätzlepresse hineindrücken (**Bild 2**). Einmal aufkochen lassen. Die fertigen Spätzle mit einem Sieb herausheben und sofort in kaltes Wasser legen. In ein Sieb abgießen und gut abtropfen lassen.

3 Für die Päckchen die Zwiebeln schälen und in feine Ringe hobeln oder schneiden. Das Öl in einer großen Pfanne er- hitzen und die Zwiebelringe darin bei mittlerer Hitze unter Rühren hellbraun braten.

4 Den Backofen auf 200° vorheizen. Auf die Papierbögen zwei kleine und zwei größere Spätzleportionen setzen. Die Röst- zwiebeln und den Käse darauf verteilen. Jedes Päckchen mit 1–2 Prisen Salz und Pfeffer bestreuen.

5 Die Papierbögen oben diagonal zusammenfassen und mit je 1 Zahnstocher zusammenheften (**Bild 3**). Die Päckchen auf ein Backblech setzen und im Backofen (Mitte, Umluft 180°) ca. 10 Min. backen. Die Spätzle-Päckchen auf vier Teller legen und servieren.

Clever einkaufen
Wer **selber Spätzle machen** möchte, braucht unbedingt einen Spätzle- hobel oder eine Spätzlepresse (gibt's im Kaufhaus oder Haushalts- warengeschäft). Die Alternativen: frische Spätzle aus dem Kühlregal oder getrocknete Spätzle aus der Tüte.

Buntes Kartoffel-Gratin

mit leckerer Käsekruste | Zubereitung: ca. 35 Min. | Pro Portion: ca. 340 kcal

Für 2 kleine Esser

300 g vorwiegend festkochende
  Kartoffeln
1 Möhre (ca. 100 g)
1/2 Stange Lauch (ca. 80 g)
50 g Sahne
150 ml Milch
Salz | Pfeffer
Muskatnuss, frisch gerieben
6 EL geriebener Emmentaler

Clever variieren

Auch fein: Die Hälfte der Kartoffeln
durch fein gehobelte **Kohlrabi-
scheiben** ersetzen. Und statt
Emmentaler darf's gern auch mal
Pizzakäse sein.

1 Die Kartoffeln waschen und schälen. Die Möhre putzen und dünn schälen. Beides auf dem Gemüsehobel in feine Scheiben hobeln. Den Lauch putzen, längs aufschlitzen und gründlich waschen. Die Stange quer in Ringe schneiden.

2 Sahne und Milch in einem Topf erhitzen. Die Gemüsestücke einrühren und mit je 2–3 Prisen Salz, Pfeffer und Muskatnuss würzen. Das Gemüse bei schwacher Hitze 6–8 Min. sanft kochen lassen. Den Backofen auf 200° vorheizen.

3 Sahnegemüse auf zwei ofenfeste Förmchen oder tiefe Teller verteilen. Nochmals mit je 1–2 Prisen Salz und Pfeffer würzen und mit je 3 EL Käse bestreuen. Mit Alufolie abdecken.

4 Die Gratins im heißen Backofen (Mitte, Umluft 180°) ca. 10 Min. garen. Dann die Alufolie entfernen und die Gratins in weiteren 10 Min. goldbraun überbacken.

Omelett-Wrap

Darf man mit den Fingern essen! | *Zubereitung: ca. 15 Min.* | *Pro Portion: ca. 355 kcal*

Für 1 kleinen Esser

1 Ei (Größe M)
Salz | Pfeffer
1 TL Öl | 1 EL Frischkäse
1 TL mildes Ayvar (Paprikapüree, aus dem Glas)
1/4 Bio-Mini-Salatgurke
   (ca. 30 g)
1/4 rote Paprikaschote
   (ca. 40 g)
2 Scheiben junger Gouda
   (ca. 30 g)

Clever tauschen

Der Wrap rollt sich auch mit 2 Scheiben
Putenschinken (ca. 20 g) statt Gouda
lecker auf (s. Bild)!

1 Das Ei mit je 2–3 Prisen Salz und Pfeffer in einer kleinen
Schüssel verquirlen. Das Öl in einer beschichteten Pfanne
(ca. 20 cm Ø) erhitzen. Den Eischaum darin zugedeckt bei
schwacher Hitze in 3–4 Min. stocken lassen. (Wer mag,
kann das Omelett auch einmal wenden und auf der zweiten
Seite noch 1–2 Min. braten). Das fertige Omelett herausnehmen und abkühlen lassen.

2 Den Frischkäse mit Ayvar und 1–2 Prisen Salz verrühren.
Die Gurke waschen, längs vierteln und die Kerne herausschaben. Die Gurkenviertel längs in feine Streifen schneiden. Die Paprika waschen, putzen und ebenfalls in feine
Streifen schneiden.

3 Das Omelett mit der Frischkäsecreme bestreichen und mit
Gouda belegen. Die Gemüsestreifen in die Mitte legen und
das Omelett aufrollen. Den Omelett-Wrap schräg halbieren
und auf einem Teller mit Serviette servieren.

Für Fleischpflänzchen und Meeresforscher

Gebraten und gebacken, gefüllt, gerollt und aufgespießt – nur Lieblingsessen mit knusprigem Fleisch und saftigem Fisch.

Für 2 kleine Esser

100 g Schweinefilet
1 Knoblauchzehe
1/2 TL getrockneter Oregano
1 EL Zitronensaft
2 EL Olivenöl
Salz | Pfeffer
1/4 Bio-Mini-Salatgurke
  (ca. 30 g)
40 g Schafkäse (Feta)

Kalimera-Filets

Griechenland lässt grüßen! | im Bild links
Zubereitung: ca. 20 Min. | *Pro Portion: ca. 190 kcal*

1   Das Filet trocken tupfen und quer in sechs Scheiben schneiden. Den Knoblauch schälen und klein würfeln. Die Filetscheiben in einer Schüssel mit Knoblauch, Oregano, Zitronensaft, Öl und je 3–4 Prisen Salz und Pfeffer mischen. 10 Min. marinieren.

2   Die Gurke waschen und quer in sechs Scheiben schneiden. Den Schafkäse ebenfalls in sechs Scheiben teilen.

3   Eine beschichtete Pfanne erhitzen und die Filetscheiben darin bei mittlerer Hitze 3–4 Min. anbraten. Wenden und auf jedes Filet 1 Gurkenscheibe und 1 Käsescheibe legen. Die Medaillons zugedeckt weitere 3–4 Min. braten, bis der Käse weich und warm ist. Herausnehmen und sofort servieren.

Clever tauschen

Statt mit Gurkenscheiben können Sie die Filets auch einmal mit **Tomatenscheiben** belegen.

Nussini-Schnitzel

mit feinen Haselnüssen
Zubereitung: ca. 15 Min. | Pro Portion: ca. 300 kcal

Für 2 kleine Esser

2 Minutensteaks (vom Schwein, ca. 150 g)
Salz | Pfeffer
1 EL Mehl
1 Ei (Größe M)
2 EL Semmelbrösel
2 EL gemahlene Haselnüsse
1 EL Öl | 1 TL Butter

1 Die Steaks mit Küchenpapier trocken tupfen und von beiden Seiten salzen und pfeffern.

2 Das Mehl auf einen kleinen flachen Teller streuen. Das Ei in einem tiefen Teller mit je 2–3 Prisen Salz und Pfeffer verquirlen. Die Semmelbrösel und die Haselnüsse auf einem dritten flachen Teller mischen.

3 Die Steaks zuerst im Mehl, dann im Ei und zuletzt in den Nussbröseln wenden. Die Panade gut andrücken.

4 Öl und Butter in einer Pfanne erhitzen. Die Fleischstücke darin von jeder Seite in 3–4 Min. goldbraun braten. Auf Küchenpapier abtropfen lassen und servieren.

Gut zu wissen

Die **Nusspanade** schmeckt nicht nur lecker, sie ist auch sehr gesund! Denn Nüsse enthalten neben pflanzlichem Eiweiß auch wertvolle essentielle Fettsäuren, Kalzium und Eisen.

Hawaii-Steaks

Aloha – Fleisch mit Ananas
Zubereitung: ca. 20 Min. | Pro Portion: ca. 265 kcal

Für 2 kleine Esser

2 Scheiben Schweinelende (à ca. 80 g)
Salz | Pfeffer | edelsüßes Paprikapulver
1 Scheibe frische Ananas (ca. 120 g)
2 Scheiben Raclettekäse (ca. 50 g, ersatzweise anderer Schmelzkäse) | 1 EL Öl
Preiselbeermarmelade (nach Belieben)

1 Das Fleisch trocken tupfen und eventuelle Fettränder abschneiden. Rundum mit Salz, Pfeffer und Paprikapulver würzen.

2 Die Ananas schälen und vierteln. Den harten Strunk entfernen, das Fruchtfleisch in feine Scheiben schneiden. Die Rinde vom Raclettekäse abschneiden.

3 Das Öl in einer Pfanne erhitzen und die Filetscheiben darin 3–4 Min. braten. Wenden und die Scheiben mit Ananas und Käse belegen. Zugedeckt weitere 3–4 Min. braten.

4 Die Hawaii-Steaks herausnehmen und auf zwei Tellern anrichten. Nach Belieben mit je 1 Klecks Preiselbeermarmelade servieren.

Clever tauschen

So geht's noch schneller: Statt frischer Ananas einfach **Dosenananas** auf die Steaks legen. Aber bitte Früchte ohne Zuckerzusatz kaufen.

Clever servieren

Richten Sie die Hawaii-Steaks auf **gerösteten Vollkorn-Toastscheiben** an.

Asia-Spießchen
mit Dips

schmecken auch kalt | *Zubereitung: ca. 30 Min.* | *Pro Portion: ca. 195 kcal*

**Für 2 kleine
und 2 große Esser**

Für die Spießchen:

400 g Hähnchenbrustfilet
6 EL helle Sojasauce
3 EL Limettensaft
2 EL Öl

Für den Pflaumen-Dip:

2 EL Pflaumenmus
  (aus dem Glas)
3 EL helle Sojasauce
1 TL mildes Ayvar (Paprikapüree, aus dem Glas)
1 EL Limettensaft

Für den Erdnuss-Dip:

2 EL Erdnusspaste
  (aus dem Glas)
2 EL Birnendicksaft
1 TL mildes Ayvar (Paprikapüree, aus dem Glas)
2 EL Gemüsebrühe (Instant)
1 EL Limettensaft
3 EL Orangensaft

Außerdem:

12 Holz-Schaschlikspieße

1 Das Hähnchenfilet waschen und mit Küchenpapier trocken tupfen. Fett, Haut und Sehnen entfernen. Das Fleisch längs in ca. 2 cm breite Streifen schneiden. Die Fleischstreifen auf die Schaschlikspieße »auffädeln«. Auf einer Platte oder einem flachen Teller mit Sojasauce und Limettensaft beträufeln und 10 Min. marinieren.

2 Das Öl in einer großen Pfanne erhitzen und die Asia-Spießchen darin bei mittlerer Hitze in 6–8 Min. rundum goldbraun braten.

3 Für den Pflaumen-Dip das Pflaumenmus mit Sojasauce, Ayvar und Limettensaft in einer kleinen Schüssel verrühren.

4 Für den Erdnuss-Dip die Erdnusspaste mit Birnendicksaft, Ayvar, Gemüsebrühe, Limetten- und Orangensaft in einer zweiten kleinen Schüssel vermischen. Die Asia-Spießchen mit den Dips servieren.

Clever dazu

Zu den Spießchen passen **Krabben-Chips** (Krupuk, aus dem Asienladen), **Papadams** (knusprige Linsenfladen zum Aufbacken, ebenfalls aus dem Asienladen), Reis oder die **Asia-Reispfännchen** (s. Seite 71).

Gut zu wissen

Rohes Geflügelfleisch kann krank machende Salmonellen enthalten – darum das Fleisch vor der Zubereitung immer kalt abspülen. Und Schneidebrett und Messer heiß mit Spülmittel waschen, bevor Sie z. B. Gemüse darauf schneiden.

Gefüllte Schnitzel-Täschchen

saftig gefüllt | Zubereitung: ca. 25 Min. | Pro Portion: ca. 210 kcal

**Für 2 kleine
und 2 große Esser**

60 g Bergkäse am Stück (ersatzweise anderer würziger Käse)
6 Basilikumblättchen
3 dünne Kalbsschnitzel
(à ca. 100 g, ersatzweise
Putenschnitzel)
Salz | Pfeffer
6 dünne Scheiben gekochter
Schinken (ca. 60 g)
2 EL Mehl
1 EL Butter
1 EL Öl
200 ml Gemüsebrühe (Instant)
1 TL Zitronensaft

Außerdem:

12 Holz-Zahnstocher

1 Den Käse fein reiben. Das Basilikum waschen und trocken
tupfen. Die Schnitzel trocken tupfen und quer halbieren.
Die Schnitzelstücke mit Salz und Pfeffer würzen und mit
je 1 Schinkenscheibe belegen. Mit dem Bergkäse bestreuen
und je 1 Basilikumblatt drauflegen (**Bild 1**). Die Schnitzel-
chen quer zusammenklappen und an den Seiten mit je
2 Zahnstochern verschließen (**Bild 2**).

2 Das Mehl auf einen flachen Teller streuen und die Schnitzel-
Täschchen darin wenden (**Bild 3**).

3 Die Butter und das Öl in einer großen Pfanne erhitzen.
Die Schnitzel-Täschchen darin von jeder Seite 2–3 Min.
anbraten. Die Gemüsebrühe angießen und die Schnitzel-
Täschchen bei mittlerer Hitze 5–6 Min. sanft kochen lassen.
Dabei einmal wenden.

4 Die Sauce mit Salz, Pfeffer und Zitronensaft abschmecken.
Die Schnitzel-Täschchen mit der Sauce servieren.

Clever dazu

Ideale Beilagen für die gefüllten Schnitzel-Täschchen sind z. B.
Knusperkartoffeln (s. Seite 103), **Röstkartoffeln** (s. Seite 99) oder
Kartoffelbrei (s. Seite 59).

Clever einkaufen

Lassen Sie die **Kalbsschnitzel** vom Metzger am besten auf der
Maschine schneiden – dann werden sie richtig **schön dünn**.

Pfannkuchen-
Cannelloni

mit feiner Hackfleischsauce | *Zubereitung: ca. 35 Min.* | *Pro Portion: ca. 500 kcal*

**Für 2 kleine
und 2 große Esser**

1/2 Stange Lauch (ca. 100 g)
3 Frühlingszwiebeln (ca. 60 g)
1 Knoblauchzehe
1 1/2 EL Öl
250 g gemischtes Hackfleisch
300 ml passierte Tomaten
   (aus der Flasche oder Dose)
1 TL gekörnte Gemüsebrühe
Salz | Pfeffer
getrockneter Oregano und
   Thymian
100 g geriebener Pizzakäse
   (aus der Tüte)
4 vorgebratene Pfannkuchen
   (s. Seite 57)

1 Den Lauch putzen, längs halbieren und gründlich waschen. Die Stange quer in feine Streifen schneiden. Die Frühlingszwiebeln waschen, putzen und in feine Ringe schneiden. Den Knoblauch schälen und fein hacken.

2 In einer Pfanne 1 EL Öl erhitzen. Lauch, Frühlingszwiebeln und Knoblauch darin unter Rühren 1–2 Min. anbraten. Das Hackfleisch zugeben und unter Rühren ebenfalls 3–4 Min. anbraten. Tomaten, gekörnte Brühe, je 3–4 Prisen Salz, Pfeffer, Oregano und Thymian einrühren. Alles bei mittlerer Hitze 8–10 Min. sanft kochen lassen. Die Sauce vom Herd nehmen und 2 EL Pizzakäse unterrühren.

3 Den Backofen auf 200° vorheizen. Eine rechteckige Auflaufform (ca. 22 x 28 cm) mit 1/2 EL Öl ausstreichen. Einen Pfannkuchen hineinlegen, mit einem Viertel der Hackfleischsauce füllen und locker aufrollen. Mit den anderen Pfannkuchen und der restlichen Sauce ebenso verfahren. Eventuell verbleibende Sauce auf oder neben den Pfannkuchen verteilen.

4 Die Cannelloni mit dem restlichen Pizzakäse bestreuen. Im Backofen (Mitte, Umluft 180°) 10–12 Min. überbacken, bis der Käse schmilzt.

Clever vorbereiten

Das ideale Essen für alle Planer: Nicht nur die Sauce, sondern auch die Pfannkuchen kann man (am besten aufgerollt in einem Gefrierbeutel) **einfrieren.** Einfach alles zum Auftauen morgens aus dem Tiefkühler nehmen – und mittags dann blitzschnell die leckeren Cannelloni zubereiten.

Ofen-Hähnchen
mit Kartoffelchips

alles von einem Blech | *Zubereitung: ca. 40 Min.* | *Pro Portion: ca. 400 kcal*

Für 2 kleine Esser

4 Hähnchen-Unterschenkel
(à ca. 100 g)
4 EL Ketchup
2 TL mildes Ayvar (Paprikapüree, aus dem Glas)
2 TL Limettensaft
2 EL Öl
Salz | Pfeffer
2 große festkochende Kartoffeln
(ca. 300 g)

1 Hähnchenschenkel kalt abspülen und mit Küchenpapier trocken tupfen. 1 EL Ketchup mit 1 TL Ayvar, 1 TL Limettensaft, 1 EL Öl und je 3–4 Prisen Salz und Pfeffer verrühren. Die Hähnchenteile in der Sauce wenden und 5 Min. durchziehen lassen.

2 Den Ofen auf 200° vorheizen. Ein Backblech mit Backpapier belegen. 3 EL Ketchup mit 1 TL Ayvar und 1 TL Limettensaft zu einem Dip verrühren.

3 Die Kartoffeln waschen, schälen und quer in feine Scheiben hobeln oder schneiden. Die Scheiben mit Küchenpapier gut trocken tupfen und in einer Schüssel mit 1 EL Öl mischen.

4 Die Hähnchenschenkel untereinander auf eine Blechhälfte legen. Im Backofen (Mitte, Umluft 180°) ca. 15 Min. braten. Das Blech herausnehmen. Die Hähnchenschenkel wenden und die Kartoffelscheiben gleichmäßig auf der freien Blechhälfte verteilen. Im heißen Ofen weitere 15 Min. braten, bis Hähnchen und Kartoffeln goldbraun und knusprig sind.

5 Das Blech herausnehmen. Die Kartoffelchips in einer Schüssel mit 3–4 Prisen Salz würzen. Die Hähnchenschenkel und Kartoffelchips mit dem Ketchup-Dip servieren.

Clever tauschen

Für alle, die nicht gerne »knabbern«: Statt der Hähnchenschenkel einfach **Hähnchenbrustfilets** aufs Blech legen. Diese müssen nur 5–10 Min. braten, bevor die Kartoffelscheiben dazukommen.

1

2

3

Puten-Burger
mit Avocadocreme

mit feiner Avocadocreme | Zubereitung: ca. 30 Min. | Pro Portion: ca. 355 kcal

**Für 2 kleine
und 2 große Esser**

Für die Burger:

2 Putenschnitzel (ca. 250 g)
1 Knoblauchzehe
2 Frühlingszwiebeln (ca. 40 g)
1 Ei (Größe M)
3 EL Semmelbrösel
Salz | Pfeffer
1 EL Öl

Für die Avocadocreme:

1/2 weiche Avocado (ca. 120 g)
2 EL Frischkäse
1 TL mildes Ayvar (Paprikapüree, aus dem Glas)
2 EL Zitronensaft
2 EL Orangensaft
Salz | Pfeffer

Außerdem:

2 Tomaten (ca. 200 g)
4 Eissalatblätter
4 Burger-Brötchen (ersatzweise andere weiche Brötchen, z. B. Dinkel-Ciabattini)

1 Für die Burger das Fleisch kalt abspülen, trocken tupfen und grob würfeln. Den Knoblauch schälen. Die Frühlingszwiebeln waschen, putzen und in grobe Stücke schneiden. Fleisch, Knoblauch und Frühlingszwiebeln im Mixer oder Blitzhacker fein pürieren. Das Hackfleisch in einer Schüssel mit Ei, Semmelbröseln und je 3–4 Prisen Salz und Pfeffer mischen (**Bild 1**). Ca. 5 Min. durchziehen lassen.

2 Aus der Fleischmasse mit angefeuchteten Händen zwei größere und zwei kleinere Burger formen (**Bild 2**). Das Öl in einer beschichteten Pfanne erhitzen und die Burger darin bei mittlerer Hitze in 10–12 Min. knusprig braun braten. Dabei mehrmals wenden.

3 Für die Avocadocreme die Avocado mit einem Löffel aus der Schale heben und das Fruchtfleisch grob würfeln. Die Avocadowürfel mit Frischkäse, Ayvar, Zitronen- und Orangensaft im Mixer oder mit dem Pürierstab fein pürieren. Die Creme mit Salz und Pfeffer würzen.

4 Die Tomaten waschen und quer in Scheiben schneiden. Jeweils die letzte Scheibe mit Stielansatz aussortieren. Die Salatblätter waschen und trocken tupfen.

5 Die Brötchen quer halbieren und mit den Schnittflächen auf den Toasteraufsatz legen und leicht rösten (**Bild 3**). Die Brötchenhälften mit Avocadocreme bestreichen. Die beiden unteren Hälften mit Salat, Tomatenscheiben und je 1 Puten-Burger belegen. Die Deckel auflegen und servieren.

Fleischpflanzerl-
Sandwich

»**Bayern**«-*Burger* | *Zubereitung: ca. 25 Min.* | *Pro Portion: ca. 435 kcal*

**Für 2 kleine
und 2 große Esser**

Für die Fleischpflanzerl:

1 Knoblauchzehe
2 Frühlingszwiebeln (ca. 40 g)
250 g gemischtes Hackfleisch
1 Ei (Größe M)
1 TL Senf
Salz | Pfeffer
getrockneter Majoran
gemahlener Kümmel
Muskatnuss, frisch gerieben
edelsüßes Paprikapulver
3 EL Semmelbrösel
5 EL Milch
1 EL Öl

Für den Gurkensalat:

1 Bio-Mini-Salatgurke (ca. 100 g)
1 TL Apfelessig
1 EL Öl | Salz | Pfeffer
1/2 TL Birnendicksaft
  (s. Tipp Seite 21)

Außerdem:

4 EL Ketchup
1 EL Senf
1 TL Zitronensaft
4 Eissalatblätter
4 weiche Brötchen

1 Den Knoblauch schälen und fein hacken. Frühlingszwiebeln waschen, putzen und klein schneiden. Beides mit Hackfleisch, Ei, Senf und je 3–4 Prisen Salz, Pfeffer, Majoran, Kümmel, Muskatnuss und Paprikapulver in einer Schüssel vermischen.

2 Die Semmelbrösel in einer kleinen Schüssel mit der Milch verrühren und 2–3 Min. quellen lassen. Die Bröselmasse zum Fleischteig gießen und gründlich untermischen.

3 Aus dem Fleischteig mit angefeuchteten Händen zwei größere und zwei kleinere flache Küchlein formen. Das Öl in einer beschichteten Pfanne erhitzen und die Küchlein darin bei mittlerer Hitze in 10–12 Min. knusprig braun braten. Dabei mehrmals wenden.

4 Für den Salat die Gurke waschen und auf dem Gemüsehobel in feine Scheiben hobeln. Die Scheiben in einer Schüssel mit Essig, Öl, je 3–4 Prisen Salz und Pfeffer und Birnendicksaft mischen.

5 Das Ketchup mit Senf und Zitronensaft verrühren. Die Salatblätter waschen und mit Küchenpapier trocken tupfen. Die Brötchen quer halbieren. Die beiden unteren Hälften mit je 1 Salatblatt, etwas Gurkensalat und 1 Fleischküchlein belegen. Jeweils 1 Klecks Ketchup-Dip daraufsetzen, die Deckel auflegen und servieren.

Nizza-Sandwich

mit feiner Thunfischcreme | *Zubereitung: ca. 15 Min.* | *Pro Portion: ca. 270 kcal*

Für 2 kleine Esser

1 kleine Dose Thunfisch naturell
  (Abtropfgewicht 80 g)
1 Frühlingszwiebel (ca. 20 g)
1 EL Mayonnaise
1 EL Zitronensaft
1 Msp. Senf | Salz | Pfeffer
1 hart gekochtes Ei (Größe M)
1 kleine Tomate (ca. 50 g)
1/2 Bio-Mini-Salatgurke
  (ca. 50 g)
2 Eissalatblätter
2 Baguette-Brötchen

1 Den Thunfisch abtropfen lassen. Die Frühlingszwiebel waschen, putzen und fein hacken. Beides in einer Schüssel mit Mayonnaise, Zitronensaft, Senf und je 2–3 Prisen Salz und Pfeffer gründlich vermischen.

2 Das Ei pellen und quer in Scheiben schneiden. Die Tomate waschen und ebenfalls quer in Scheiben schneiden. Die letzte Scheibe mit Stielansatz aussortieren. Die Gurke waschen und auf dem Gemüsehobel in feine Scheiben hobeln. Die Salatblätter waschen und mit Küchenpapier trocken tupfen.

3 Die Brötchen längs aufschneiden, aber nicht ganz durchtrennen. Das weiche Innere auf einer Seite entfernen. Die Brötchen mit Salat, Thunfischcreme, Ei, Tomate und Gurke belegen. Zusammenklappen, gut andrücken und servieren.

Gut zu wissen

Thunfisch enthält viele essenzielle Fettsäuren, Vitamin D und Eisen. Das ist gerade bei Kindern für die Entwicklung der Seh- und Hörfähigkeit sowie für die Blutbildung und den Knochenaufbau sehr wichtig. Und kaufen Sie »delfinfreundlich« gefangenen Thunfisch – Sie erkennen das am »Delfin-Logo« auf der Dose.

Fisch-Gyros

mit Mittelmeer-Würze | *Zubereitung: ca. 20 Min.* | *Pro Portion: ca. 330 kcal*

Für 2 kleine Esser

200 g weißfleischiges Seefisch-
filet (frisch oder tiefgekühlt)
1 Knoblauchzehe
2 EL Olivenöl
Salz | Pfeffer
getrockneter Oregano
4 EL Naturjoghurt
3 EL Zitronensaft
1 EL Orangensaft
2 Frühlingszwiebeln (ca. 40 g)
2 EL Gartenkresse
(vom Kästchen)
2 Fladenbrötchen

1 Fisch kalt abspülen und trocken tupfen. TK-Fisch auftauen (s. Tipp). Filet 1–2 cm groß würfeln. Knoblauch schälen und fein hacken. Mit den Fischwürfeln, Öl und je 3–4 Prisen Salz, Pfeffer und Oregano mischen. 10 Min. durchziehen lassen.

2 Joghurt mit je 1 EL Zitronen- und Orangensaft verrühren. Frühlingszwiebeln waschen, putzen, klein schneiden und mit Kresse unter den Joghurt heben. Salzen und pfeffern.

3 Eine beschichtete Pfanne ohne Fett erhitzen und die Fisch-würfel darin bei mittlerer Hitze 3–4 Min. unter Rühren braten. Mit 2 EL Zitronensaft beträufeln.

4 Die Fladenbrötchen tief einschneiden, aushöhlen und mit Fisch und Joghurtsauce füllen. Sofort servieren.

Clever vorbereiten

Falls Sie **TK-Fisch** verwenden, diesen offen bei Zimmertemperatur in ca. 2 Std. auftauen lassen. Auftauwasser abgießen, den Fisch trocken tupfen. Oder über Nacht zugedeckt im Kühlschrank auftauen.

Knusper-Fisch
mit Röstkartoffeln

feinste Fischstäbchen selbst gemacht | Zubereitung: ca. 35 Min. | Pro Portion: ca. 375 kcal

**Für 2 kleine
und 2 große Esser**

800 g gegarte kleine Pellkartoffeln (aus fest-
kochenden Kartoffeln)
400 g Kabeljaufilet
2 EL Zitronensaft
Salz | Pfeffer
1 Ei (Größe L)
2 EL Mehl
6–8 EL Semmelbrösel (s. Tipp)
1 EL Butter
3 EL Öl
1 Bio-Zitrone zum Servieren

1 Die Kartoffeln pellen und quer halbieren. Den Fisch kalt abspülen, mit Küchenpapier trocken tupfen und in Streifen (ca. 3 x 8 cm) schneiden. Die Stäbchen mit Zitronensaft beträufeln und von beiden Seiten salzen und pfeffern.

2 Das Ei in einem tiefen Teller mit je 2–3 Prisen Salz und Pfeffer verquirlen. Das Mehl auf einen flachen Teller streuen, die Semmelbrösel auf einen zweiten flachen Teller geben.

3 Die Butter und 1 EL Öl in einer großen Pfanne erhitzen. Die Kartoffeln hineingeben, mit Salz und Pfeffer würzen und bei schwacher bis mittlerer Hitze in 10–12 Min. goldbraun braten. Dabei mehrmals wenden.

4 Die Fischstäbchen zuerst im Mehl, dann im Ei und zuletzt in den Bröseln wenden. 2 EL Öl in einer zweiten großen Pfanne erhitzen und den Fisch darin in 6–8 Min. rundum knusprig braun braten.

5 Die Zitrone vierteln. Den Knusper-Fisch mit den Zitronenspalten und den Röstkartoffeln servieren.

Clever dazu

Wie wär's mit einer schnellen **Remoulade** zum Knusper-Fisch? Für 2 kleine und 2 große Esser je 3 EL Mayonnaise und Joghurt mit je 2 EL fein gehackten Kapern und Essiggurken verrühren. 2 hart gekochte und fein gewürfelte Eier unterheben und die Remoulade mit 1–2 TL Zitronensaft, Salz und Pfeffer abschmecken.

Besonders clever!

Probieren Sie doch mal »**Pan-Ko**«, ein **japanisches Paniermehl** aus Weißbrot und Hefe: Es sieht ein bisschen aus wie Kokosflocken und macht die Panade superknusprig (gibt's im Asienladen, japanischen Lebensmittelgeschäft oder Internet, s. Seite 7).

Meer-Bällchen

Hier gibt's keine Grätchen-Frage! | *Zubereitung: ca. 30 Min.* | *Pro Portion: ca. 255 kcal*

**Für 2 kleine
und 1 großen Esser**

Für die Fischbällchen:

250 g weißfleischiges Seefisch-
   filet (frisch oder tiefgekühlt)
2 Frühlingszwiebeln (ca. 40 g)
1 Knoblauchzehe
1 Eiweiß (Größe M)
Salz | Pfeffer
2 El Semmelbrösel
2 EL Mehl
2 EL Öl

Für den Gurken-Dip:

1 Bio-Mini-Salatgurke
   (ca. 100 g)
Salz
150 g Naturjoghurt
2 EL Zitronensaft
Pfeffer

1 Den Fisch kalt abspülen und trocken tupfen. Tiefgekühlten Fisch auftauen lassen (s. Tipp Seite 97). Das Filet in grobe Würfel schneiden. Die Frühlingszwiebeln waschen, putzen und grob hacken. Den Knoblauch schälen.

2 Die Fischwürfel mit Zwiebeln, Knoblauch, Eiweiß und je 3–4 Prisen Salz und Pfeffer im Mixer oder mit dem Blitzhacker fein pürieren. Die Semmelbrösel einrühren. Aus der Fischmasse mit angefeuchteten Händen 12–14 walnussgroße Bällchen formen. Das Mehl auf einen flachen Teller streuen und die Bällchen darin wenden.

3 Das Öl in einer großen Pfanne erhitzen. Die Fischbällchen darin bei mittlerer Hitze in 6–8 Min. rundum goldbraun und knusprig braten. Herausnehmen und auf Küchenpapier abtropfen lassen.

4 Für den Dip die Gurke waschen und auf der Gemüsereibe grob raspeln. Die Raspel in einer Schüssel mit 2–3 Prisen Salz bestreuen und 5 Min. ziehen lassen.

5 Die Gurkenraspel gut ausdrücken. Die Flüssigkeit abgießen. Die Raspel mit Joghurt, Zitronensaft und je 3–4 Prisen Salz und Pfeffer verrühren. Zu den Meer-Bällchen servieren.

Clever servieren

Zu den Meer-Bällchen schmecken **Polenta-Taler:** Für 12 Stück 1/2 l Gemüsebrühe (Instant) erhitzen. 125 g Polentagrieß (Instant, aus dem Bio-Laden) einstreuen und unter Rühren bei schwacher Hitze 5 Min. sanft kochen lassen. 2 EL Butter und 2–3 Prisen Salz untermischen. Den Brei vom Herd nehmen und abkühlen lassen. 2 EL Olivenöl in einer großen beschichteten Pfanne erhitzen. Mit angefeuchteten Händen aus je 1 EL Polentamasse flache Taler formen (ca. 4 cm Ø). Im heißen Öl von jeder Seite 2–3 Min. braten. Die Polenta können Sie ruhig schon einige Stunden vorher zubereiten und abgedeckt beiseitestellen.

1

2

3

Mittelmeersalat
mit Thunfisch

mit Knusperkartoffeln | *Zubereitung: ca. 35 Min.* | *Pro Portion: ca. 330 kcal*

Für 2 kleine Esser

Für die Knusperkartoffeln:

250 g vorwiegend festkochende
  Kartoffeln
Salz | 2 EL Öl

Für den Thunfisch:

1 kleine Dose Thunfisch in
  Olivenöl (80 g Abtropfgewicht)
2 Frühlingszwiebeln (ca. 40 g)
1 EL Zitronensaft
Salz | Pfeffer

Für das Dressing:

1 EL Mayonnaise
2 EL Naturjoghurt
1 EL Zitronensaft
Salz | Pfeffer
1 Knoblauchzehe

Für den Salat:

1/4 Kopf Eissalat (ca. 80 g)
2 Tomaten (à ca. 100 g)
1/2 gelbe Paprikaschote
  (ca. 100 g)

1 Die Kartoffeln waschen, schälen und in 1–2 cm große Würfel schneiden (**Bild 1**). Die Kartoffelwürfel in kochendem Salzwasser 8–10 Min. garen.

2 Die Kartoffelwürfel in ein Sieb abgießen, kalt abspülen und mit Küchenpapier trocken tupfen (**Bild 2**). Das Öl in einer großen Pfanne erhitzen und die Kartoffeln darin bei mittlerer Hitze in 10–12 Min. goldbraun und knusprig braten. Dabei mehrmals wenden (**Bild 3**).

3 Den Thunfisch abtropfen lassen. Die Frühlingszwiebeln waschen, putzen und sehr fein hacken. Beides mit Zitronensaft und je 3–4 Prisen Salz und Pfeffer gut vermischen.

4 Für das Dressing die Mayonnaise mit Joghurt, Zitronensaft und je 3–4 Prisen Salz und Pfeffer verrühren. Den Knoblauch schälen und dazupressen.

5 Den Salat in einzelne Blätter teilen, waschen, putzen und trocken schleudern. Die Blätter übereinanderlegen und quer in feine Streifen schneiden. Die Tomaten waschen und vierteln. Stielansätze und Kerne entfernen, die Viertel in 1–2 cm große Würfel schneiden. Die Paprikaschote waschen, putzen und ebenfalls in 1–2 cm große Stücke schneiden.

6 Die Salatstreifen ringförmig in zwei tiefe Teller streuen. Die Thunfischcreme in die Mitte setzen. Die Knusperkartoffeln und Gemüsewürfel auf dem Salat verteilen. Den Mittelmeersalat mit dem Dressing beträufeln und servieren.

Gut zu wissen
Den **Stielansatz von Tomaten** sollten Sie immer entfernen: Er enthält nämlich giftiges Solanin – ebenso wie unreife grüne Tomaten.

Toskana-Fischröllchen

mit frischem Tomaten-Dip | *Zubereitung: ca. 25 Min.*
Auftauen: ca. 2 Std. | *Pro Portion: ca. 135 kcal*

Für 2 kleine und 1 großen Esser

Für die Fischröllchen:

300 g tiefgekühltes Tilapiafilet (Buntbarsch,
ersatzweise Schollenfilet) | Salz | Pfeffer
20 Basilikumblättchen | 1 TL Öl
1 EL Butter | 1 EL Zitronensaft

Für den Tomaten-Dip:

250 g reife Tomaten | 2 Frühlingszwiebeln
(ca. 40 g) | 1 Knoblauchzehe
1 TL Aceto balsamico | Salz | Pfeffer

Außerdem:

10 Holz-Zahnstocher

1 Den Fisch offen bei Zimmertemperatur in
ca. 2 Std. auftauen lassen (s. Tipp Seite 97).
Trocken tupfen und längs in zehn ca. 3 cm
breite Streifen schneiden. Salzen und pfeffern. Basilikum waschen, trocken tupfen.
Je 2 Blättchen auf jeden Fischstreifen legen.
Aufrollen und mit Zahnstochern feststecken.

2 Öl und Butter in einer Pfanne erhitzen.
Fischröllchen hineinlegen und mit Zitronensaft beträufeln. Bei schwacher Hitze
6–8 Min. dünsten, dabei einmal wenden.

3 Für den Dip die Tomaten waschen und
vierteln. Stielansätze und Kerne entfernen,

die Viertel grob würfeln. Die Frühlingszwiebeln waschen, putzen und in grobe Stücke
schneiden. Den Knoblauch schälen.

4 Die Tomaten mit Frühlingszwiebeln und
Knoblauch im Mixer oder Blitzhacker fein
pürieren. Mit Aceto balsamico, Salz und
Pfeffer abschmecken. Die Fischröllchen mit
dem Tomaten-Dip servieren.

Clever dazu

2–3 **Baguette-Brötchen** halbieren. Die Hälften mit
Frühlingszwiebelbutter (s. Seite 67) bestreichen
und unter dem Backofengrill hellbraun rösten.

Fisch-Bonbons

Für 2 kleine Esser | 100 g Wildlachsfilet
(frisch oder tiefgekühlt) kalt abspülen, trocken
tupfen und ca. 1 cm groß würfeln. Den Backofen auf 220° vorheizen. Ein Backblech mit
Backpapier belegen. Die Lachswürfel mit
**1 fein gehackten Knoblauchzehe, je 2 EL fein
gehacktem Basilikum und Frühlingszwiebeln,
2 EL Schnittlauchröllchen, 2 EL Frischkäse** und
2 EL Zitronensaft mischen. Mit je 3–4 Prisen
Salz und **Pfeffer** würzen. **150 g frischen Blätterteig** (aus dem Kühlregal) in sechs Stücke (ca.
8 x 10 cm) schneiden. **1 Ei** (Größe M) trennen,
das Eiweiß mit einer Gabel leicht verschlagen.
Je 1 TL Lachsmischung in die Mitte der Teig-
stücke setzen, die Ränder mit Eiweiß bepinseln.
Teig von der Längsseite her über die Lachsfül-
lung klappen und aufrollen. Enden rechts und
links wie bei »Bonbons« zusammendrücken.
Die Fisch-Bonbons aufs Blech legen. Mit dem
Eigelb bestreichen und im heißen Ofen (Mitte,
Umluft 200°) in 8–10 Min. goldbraun backen.
Nach Belieben mit **Tomaten-Dip** (siehe Rezept
links) servieren.

Für Süßmäulchen

**Schnell gemachte Desserts, die auch noch gesund sind – aber pssst!
Das sollten wir am besten gar nicht verraten …**

Für 2 kleine Esser

100 g tiefgekühlte
   Waldbeerenmischung
100 g Sahnejoghurt
2 EL Ahornsirup
2 Eiswaffeltüten (aus Supermarkt oder Eisdiele)

Blitz-Eis

Und ab in die Waffel! *| im Bild links*
Zubereitung: ca. 10 Min. | Pro Portion: ca. 200 kcal

1 Die tiefgekühlten Beeren in den Mixer oder in einen hohen
   Rührbecher füllen. Ca. 5 Min. antauen lassen.

2 Den Joghurt und den Ahornsirup zugeben. Alles im Mixer
   oder mit dem Pürierstab fein pürieren. Das Beereneis in die
   Waffeltüten füllen und sofort servieren.

Clever für »Minis«

Das Blitz-Eis in Schälchen füllen und die Eiswaffeltüten mit
der Öffnung nach unten schräg als **»Clownshut«** daraufsetzen.
Mit kleinen Plastik-Eislöffeln (aus der Eisdiele) anrichten.

Süßes
Obst-Fondue

mit leckeren Dips | *Zubereitung: ca. 30 Min.* | *Pro Portion: ca. 740 kcal*

**Für 2 kleine
und 2 große Esser**

Für den Frischkäse-Dip:

200 g Mascarpone
　(ital. Frischkäse)
1 Vanilleschote
4 EL Ahornsirup
100 g Sahne

Für den Erdbeer-Dip:

150 g frische Erdbeeren
　(ersatzweise tiefgekühlte)
50 ml Orangensaft
2 EL Ahornsirup

Für den Schoko-Dip:

100 g Zartbitter-Schokolade
　(60 % Kakao)
200 g Sahne
4 EL Ahornsirup

Außerdem:

ca. 500 g frische Früchte (z. B.
　Äpfel, Ananas, Beeren, Birnen,
　Kiwis, Nektarinen, Pflaumen)
Holz-Schaschlikspieße

1 Die Früchte waschen, putzen, bei Bedarf schälen und in mundgerechte Stücke teilen. Die Fruchtstücke auf die Spieße stecken und zugedeckt beiseite stellen.

2 Für den Frischkäse-Dip den Mascarpone mit einer Gabel glatt rühren. Die Vanilleschote längs aufschlitzen und das Mark mit einem Messerrücken herausschaben. Mit dem Ahornsirup unter den Mascarpone heben. Die Sahne steif schlagen und unter die Frischkäsecreme ziehen.

3 Für den Erdbeer-Dip die Beeren behutsam waschen, trocken tupfen und entkelchen. Tiefgekühlte Beeren nach Packungsanweisung auftauen lassen. Die Früchte mit dem Orangensaft und dem Ahornsirup fein pürieren. Den Erdbeer- und den Frischkäse-Dip in Schälchen füllen.

4 Für den Schoko-Dip die Zartbitter-Schokolade in grobe Stücke brechen. Mit Sahne und Ahornsirup in einem Topf bei schwacher Hitze schmelzen lassen. Vom Herd nehmen, gut durchrühren und in Schälchen füllen. Noch warm mit den anderen Dips und den Obstspießchen servieren. Die Obstspießchen in die Dips tunken und genießen.

Clever variieren

Die Früchte in kleine Würfel schneiden und mit je 1 EL Orangen- und Zitronensaft mischen. Den **Obstsalat** wahlweise mit Schoko-, Mascarpone- oder Erdbeersauce servieren.

Clever vorbereiten

Den Schoko-Dip können Sie auch kalt servieren oder schon **am Vortag** zubereiten. Dann bis zur Verwendung kühl stellen und vor dem Servieren nochmals gut durchrühren.

Löffel-Melone

*mit **Knusperflöckchen*** | *Zubereitung: ca. 20 Min.*
Marinieren: ca. 30 Min. | *Pro Portion: ca. 210 kcal*

Für 2 kleine und 1 großen Esser

1 Honigmelone (mit orangefarbenem
  Fruchtfleisch, ca. 1 kg)
50 ml Orangensaft | 100 ml Ananassaft
3 EL Kokosflocken

1 Von der Melone einen Deckel abschneiden
und die Kerne mit einem Löffel herausschaben. Das Melonenfruchtfleisch mit einem
scharfen Messer rundum von der Schale
lösen. Herausheben und in 1–2 cm große
Stücke schneiden. Die Melonenwürfel zurück in die Schale füllen.

2 Orangen- und Ananassaft verrühren. Über
die Melonenstückchen träufeln und mindestens 30 Min. durchziehen lassen (im Sommer am besten im Kühlschrank).

3 Die Kokosflocken in einer kleinen beschichteten Pfanne ohne Fett in 1–2 Min. hellbraun rösten. In ein Schüsselchen füllen
und abkühlen lassen. Die Melone mit den
Kokosflocken zum Bestreuen servieren.

Clever dekorieren

Wie wär's denn mit **Melonenbällchen?** Dafür brauchen Sie einen Kugelausstecher, mit dem Sie aus
dem Melonenfruchtfleisch ganz leicht kleine Bällchen herausdrehen können. Sie finden ihn im Haushaltswarengeschäft oder Kaufhaus.

Vanille-Früchtchen

*mit **Vitaminmarinade***
Zubereitung: ca. 15 Min. | *Abkühlen und Marinieren:*
ca. 30 Min. | *Pro Portion: ca. 195 kcal*

Für 2 kleine Esser

100 ml Orangensaft | 100 ml Multi-Vitaminsaft
(ohne Zucker) | 2 EL Limettensaft
40 ml Ahornsirup | 1/2 Vanilleschote
1 Kiwi (ca. 80 g) | 1 Mandarine (ca. 80 g)
100 g kernlose Trauben | 1/4 Mango (ca. 100 g)

1 Den Orangensaft mit Multi-Vitaminsaft,
Limettensaft und Ahornsirup in einem Topf
mischen. Die Vanilleschote aufschlitzen
und zugeben. Den Saftmix erhitzen und
bei schwacher Hitze 3–4 Min. sanft kochen
lassen. Vom Herd nehmen und 5–6 Min.
abkühlen lassen.

2 Die Kiwi schälen, längs halbieren und quer
in feine Scheibchen schneiden. Die Mandarine schälen und in Spalten teilen. Die Spalten quer halbieren. Die Trauben waschen,
von den Rispen zupfen und mit Küchenpapier trocken tupfen. Die Beeren längs halbieren. Die Mango schälen und das Fruchtfleisch in 1–2 cm große Würfel schneiden.

3 Die Früchte vermischen. Den Sirup durch
ein feines Sieb darübergießen. Den Obstsalat
mindestens 20 Min. durchziehen lassen.

Clever tauschen

Statt Vanilleschoten können Sie auch **gemahlene
Vanille** verwenden (gibt's im Streuer im Bio-Laden
oder Reformhaus).

Kleiner
Ofen-Apfel

mit knusprigem Blätterteig | *Zubereitung: ca. 30 Min.* | *Backen: ca. 20 Min.* | *Pro Portion: ca. 225 kcal*

Für 2 kleine Esser

2 Scheiben tiefgekühlter
  Blätterteig (ca. 70 g)
1 Apfel (ca. 120 g)
3–4 EL Ahornsirup

1 Den Blätterteig nach Packungsanweisung in ca. 10 Min. auftauen lassen. Den Backofen auf 200° vorheizen. Ein Backblech mit Backpapier belegen. Den Apfel schälen, halbieren und das Kerngehäuse entfernen. Die Hälften längs in sehr feine Spalten schneiden.

2 Die Teigscheiben auf dem Blech leicht ausrollen. Mit einem scharfen Messer zwei Apfelformen (ca. 10 cm Ø) mit Stiel und Blatt ausschneiden (**Bild 1,** s. auch Tipp). Aus dem restlichen Teig einen dünnen Streifen schneiden und als Rand auf das Apfelrund legen (**Bild 2**). Leicht andrücken.

3 Die Blätterteig-Äpfel fächerförmig mit Apfelspalten belegen (**Bild 3**) und mit Ahornsirup beträufeln. Im heißen Backofen (Mitte, Umluft 180°) 10 Min. backen. Stiel und Blatt mit Alufolie abdecken und die Äpfel nochmals ca. 10 Min. backen, bis sie goldbraun sind. Die Ofen-Äpfel warm oder abgekühlt servieren.

Clever dekorieren

Wenn es Ihnen zu schwierig erscheint, den Apfel frei Hand aus dem Teig zu schneiden, basteln Sie sich doch einfach aus dünner Pappe eine **Apfel-Schablone.** Diese auf den Teig legen und am Rand entlangschneiden.

Clever variieren

Auch fein als »Kleine Ofen-Birne«: Dafür aus dem Teig **Birnen** ausschneiden und diese mit feinen **Birnenspalten** belegen.

Arme Schoko-Ritter

süßer Toast zum Nachtisch | *Zubereitung: ca. 10 Min.* | *Pro Portion: ca. 420 kcal*

Für 2 kleine Esser

2 Scheiben Vollkorn-
   Sandwich-Toast
1 Ei (Größe M)
2 EL Milch
4 EL Ahornsirup
4 EL gemahlene Haselnüsse
2 EL Butter
2 EL geraspelte Zartbitter-Schokolade (60 % Kakao)

1 Die Toastscheiben diagonal in je vier Dreiecke schneiden. Das Ei mit Milch und 2 EL Ahornsirup verquirlen. Die Nüsse auf einen flachen Teller streuen. Die Toastdreiecke durch den Eischaum ziehen und in den Nüssen wenden.

2 Die Butter in einer großen beschichteten Pfanne erhitzen. Die Toastecken darin bei mittlerer Hitze von jeder Seite in 2–3 Min. hellbraun braten.

3 Die gebratenen Toastecken auf zwei Teller verteilen. Mit je 1 EL Ahornsirup beträufeln und mit je 1 EL Schokoraspeln bestreuen. Sofort servieren.

Blätterteig-Ravioli

Für 2 kleine Esser | **150 g frischen Blätterteig** (aus dem Kühlregal) in 12 Quadrate (ca. 6 x 6 cm) schneiden. Backofen auf 220° vorheizen. Backblech mit Backpapier belegen. **1 EL Mascarpone** mit **2 EL Ahornsirup** verrühren und die Quadrate damit bestreichen. Dabei rundum einen schmalen Rand lassen. Auf 6 Quadrate **je 2 hauchdünne Edelbitter-Schokotäfelchen** überein-anderlegen. **1 Ei** (Größe M) trennen. Das Eiweiß mit einer Gabel leicht verschlagen und die Ränder der belegten Quadrate damit bestreichen. Die restlichen Teigquadrate auflegen und mit den Zinken einer Gabel rundum gut zusammendrücken. Die Ravioli aufs Blech legen und mit Eigelb bestreichen. Im Backofen (Mitte, Umluft 200°) 8–10 Min. backen. Warm servieren.

Himbeer-Tiramisu

super vorzubereiten | *Zubereitung: 15 Min.* | *Ruhen: ca. 1 Std.* | *Pro Portion: ca. 455 kcal*

**Für 2 kleine
und 2 große Esser**

200 g tiefgekühlte Himbeeren
8 Löffelbiskuits (ca. 60 g)
6 EL frisch gepresster
  Orangensaft
1 Rezept Frischkäse-Dip
  (s. Seite 109)
2 EL Ahornsirup
2 EL geraspelte Zartbitter-
  Schokolade (60 % Kakao)

1 Die Himbeeren in 10 Min. leicht antauen lassen. Die Löffelbiskuits nebeneinander in eine flache rechteckige Form
(ca. 15 x 20 cm) legen. Mit dem Orangensaft beträufeln.

2 Die Frischkäsecreme gleichmäßig auf den Biskuits verstreichen. Die Himbeeren darauf verteilen. Mit dem Ahornsirup
beträufeln und mit den Schokoraspeln bestreuen.

3 Das Himbeer-Tiramisu abdecken und mindestens 1 Std. im
Kühlschrank durchziehen lassen.

Clever vorbereiten

Das Himbeer-Tiramisu schmeckt erst richtig, wenn es schön durch-
gezogen ist. Deshalb eignet es sich so gut zum Vorbereiten. Also: Am
besten schon **morgens schichten** und mittags oder abends servieren.

Clever variieren

Auch lecker als **»Tutti-Frutti-Tiramisu«** mit einem Mix aus frischen,
in feine Scheiben geschnittenen Erdbeeren, Nektarinen und Bananen
(oder jedem anderen Fruchtmix der Saison).

Erdbeer-Herzchen

fast zu schön zum Essen | *Zubereitung: ca. 15 Min.* | *Pro Portion: ca. 55 kcal*

Für 2 kleine und 2 große Esser

250 g Erdbeeren
2–3 EL Ahornsirup
4 EL Quark (40 % Fett)

1 Die Erdbeeren behutsam waschen, mit Küchenpapier trocken tupfen und entkelchen (**Bild 1**). Die Früchte vierteln. Die Viertel mit dem Ahornsirup im Mixer oder mit dem Pürierstab fein pürieren.

2 8 EL Erdbeerpüree in einen kleinen Gefrierbeutel füllen. Das Fruchtpüree in eine Ecke drücken, den Beutel oben zudrehen (**Bild 2**) und eine feine Ecke abschneiden (**Bild 3**). Mit dem Püree die Umrisse von vier Herzchen auf vier Dessertteller zeichnen.

3 Den Quark unter das restliche Erdbeerpüree ziehen. Die Herzchen mit der Quarkcreme ausfüllen. Sofort servieren.

Clever variieren

Sie wollen Ihre Lieben überraschen? Dann zeichnen Sie doch statt Herzen einfach Blumen oder Sterne auf. Sie können die Herzchen natürlich auch mit **200 g tiefgekühlten Erdbeeren** zubereiten. Kalkulieren Sie für das Auftauen dann noch 30 Min. zusätzlich ein.

Rosa Beerenschaum

fruchtig-leichte Sahnecreme | *Zubereitung: ca. 20 Min.* | *Auftauen: 30 Min.* | *Pro Portion: ca. 260 kcal*

Für 2 kleine und 2 große Esser

300 g tiefgekühlte Himbeeren
5 EL Ahornsirup
200 g Sahne
hauchdünne Zartbitter-Schokotäfelchen
  (aus dem Supermarkt)

1 Die Himbeeren nach Packungsanweisung in ca. 30 Min. auftauen lassen. Die Beeren im Mixer oder mit dem Pürierstab fein pürieren. Das Püree durch ein Sieb streichen und mit 2 EL Ahornsirup mischen.

2 Die Sahne mit 3 EL Ahornsirup steif schlagen und die Hälfte vom Himbeerpüree unterziehen.

3 Den Himbeerschaum in vier Dessertschälchen füllen. Das restliche Himbeerpüree darauf verteilen. Mit den Zartbitter-Schokotäfelchen anrichten.

Clever für »Minis«

3–4 Zartbitter-Schokotäfelchen mit Beerenschaum-Klecksen als blitzschnelle **süße Lasagne** aufeinanderstapeln.

links: Erdbeer-Herzchen | rechts: Rosa Beerenschaum

Orangen-Schoko-Becher

süß geschichtet
Zubereitung: ca. 15 Min. | Pro Portion: ca. 350 kcal

Für 2 kleine und 2 große Esser

6 Schoko-Butterkekse mit Zartbitter-
   Schokolade (ca. 60 g)
6 EL Orangensaft
2 Orangen (à ca. 200 g)
200 g Sahne
3 EL Ahornsirup
60 g Zartbitter-Schokolade (60 % Kakao)

1 Die Schoko-Butterkekse mit einem scharfen Messer fein hacken. Für die kleinen Portionen je 1 zerkleinerten Keks, für die großen je 2 zerkleinerte Kekse in ein Dessertglas füllen. Die beiden kleinen Portionen mit je 1 EL Orangensaft, die beiden großen mit je 2 EL Saft beträufeln.

2 Die Orangen mit einem scharfen Messer dick schälen, dabei die weiße Innenhaut mit entfernen. Die Fruchtfilets zwischen den Trennhäutchen herausschneiden und auf den Keksbröseln verteilen.

3 Die Sahne mit dem Ahornsirup steif schlagen. Die Zartbitter-Schokolade grob raspeln. Die Hälfte der Raspel unter die Sahne heben. Die Schokosahne auf den Orangenfilets verteilen. Mit den restlichen Schokoraspeln bestreuen.

Schoko-Sandwich

Knusperdessert mit frischen Früchten
Zubereitung: ca. 5 Min. | Pro Portion: ca. 145 kcal

Für 2 kleine Esser

1 EL Mascarpone (ital. Frischkäse)
1 EL Ahornsirup
2 Mandarinen (à ca. 80 g, ersatzweise andere
   Früchte der Saison)
4 kleine quadratische Schoko-Reiswaffeln (ca.
   40 g, am besten mit Zartbitter-Schokolade)

1 Den Mascarpone mit dem Ahornsirup in einer kleinen Schüssel verrühren.

2 Die Mandarinen schälen. Die Fruchtspalten voneinander trennen und die überstehenden weißen Häutchen entfernen. Alternativ die Mandarinen mit einem scharfen Messer dick schälen, dabei die weiße Innenhaut mit entfernen. Die Fruchtfilets zwischen den Trennhäutchen herausschneiden.

3 Die Reiswaffeln mit der Mascarponecreme bestreichen und die Mandarinenfilets dekorativ darauf anrichten. Je zwei Waffeln auf einen Dessertteller setzen und servieren.

Clever variieren

Auch **knusprig und lecker:** 2 EL Quark (20 % Fett) mit 1 1/2 EL Ahornsirup verrühren. Die Creme auf 4 Scheiben Zwieback streichen und mit Erdbeer- und Bananenscheibchen, Nektarinen-, Apfel- oder Birnenspalten belegen.

Und heute mal bitte das Drei-Gänge-Menü …

1 | Schnelles Menü

Napoli-Pasta (Seite 21)
Kalimera-Filets (Seite 81)
Blitz-Eis (Seite 107)

2 | Menü zum Vorbereiten

Rucki-Zucchi-Suppe (Seite 51)
Pfannkuchen-Cannelloni (Seite 89)
Orangen-Schoko-Becher (Seite 119)

3 | Asiatisches Menü

Cocobello-Suppe (Seite 45)
Asia-Spießchen mit Dips (Seite 85)
Löffel-Melone (Seite 111)

4 | Italienisches Menü

Minestrone (Seite 53)
Toskana-Fischröllchen (Seite 105)
Himbeer-Tiramisu (Seite 115)

5 | Vegetarisches Menü

Salat am Stiel (Seite 61)
Spätzle-Päckchen (Seite 77)
Kleiner Ofen-Apfel (Seite 113)

6 | »Mini«-Spezial-Menü

Grüner Suppensee (Seite 47)
Nudel-»Lachsgesicht« (Variante Seite 25)
Erdbeer-Herzchen (Seite 117)

7 | Sommer-Menü

Piccolino-Pastasalat (Seite 43)
Meer-Bällchen (Seite 101)
Süßes Obst-Fondue (Seite 109)

8 | Winter-Menü

Heiße Kartoffel-Tasse (Seite 49)
Bratwurst-Pasta (Seite 33)
Arme Schoko-Ritter (Seite 114)

9 | Sonntags-Menü

Suppen-Rausfisch-Topf (Seite 57)
Ofen-Hähnchen mit Kartoffelchips (Seite 91)
Tutti-Frutti-Tiramisu (Variante Seite 115)

10 | Mittelmeer-Menü

Olé-Suppe (Seite 49)
Gefüllte Schnitzel-Täschchen (Variante Seite 87)
Süße Lasagne (Variante Seite 117)

Schmeckt wie in »Bella Italia«: Minestrone, Toskana-Fischröllchen und Himbeer-Tiramisu.

Unsere Garantie

Alle Informationen in diesem Ratgeber sind sorgfältig und gewissenhaft geprüft. Sollte dennoch einmal ein Fehler enthalten sein, schicken Sie uns das Buch mit dem entsprechenden Hinweis an unseren Leserservice zurück. Wir tauschen Ihnen den GU-Ratgeber gegen einen anderen zum gleichen oder einem ähnlichen Thema um.

Liebe Leserin und lieber Leser,

wir freuen uns, dass Sie sich für ein GU-Buch entschieden haben. Mit Ihrem Kauf setzen Sie auf die Qualität, Kompetenz und Aktualität unserer Ratgeber. Dafür sagen wir Danke! Wir wollen als führender Ratgeberverlag noch besser werden. Daher ist uns Ihre Meinung wichtig. Bitte senden Sie uns Ihre Anregungen, Ihre Kritik oder Ihr Lob zu unseren Büchern. Haben Sie Fragen oder benötigen Sie weiteren Rat zum Thema? Wir freuen uns auf Ihre Nachricht!

GRÄFE UND UNZER VERLAG
Leserservice
Postfach 86 03 13
81630 München

Wir sind für Sie da!
Montag–Donnerstag: 8.00 – 18.00 Uhr
Freitag: 8.00 – 16.00 Uhr
Tel.: 0180 - 500 50 54*
Fax: 0180 - 501 20 54*
E-Mail: leserservice@graefe-und-unzer.de

*(0,14 €/Min. aus dem deutschen Festnetz, Mobilfunkpreise können abweichen)

Ein Unternehmen der
GANSKE VERLAGSGRUPPE

P.S.: Wollen Sie noch mehr Aktuelles von GU wissen, dann abonnieren Sie doch unseren kostenlosen GU-Online-Newsletter und/oder unsere kostenlosen Kundenmagazine.

Die Autorin

Cornelia Trischberger ist freie Food-Journalistin und Autorin in München. Ihr Spezialgebiet: Essen für Kinder, das gesund ist und Spaß macht – so wie in den GU-Büchern *Koch's noch mal, Mama!* und *Jetzt koch ich, Mama!* und für die Food-Seiten der Zeitschrift *Eltern*. Für dieses Buch haben übrigens Tochter Theresa (mit vielen Freunden) und die Testesser-Kids Augustin und Kaspar alle Gerichte unter die Lupe und den Löffel genommen …

Die Fotografen

Tanja & Harry Bischof sind seit über zehn Jahren ein Team in Sachen Food-Fotografie. Ihre Liebe zum Kochen, Essen und zur Tischkultur und ihre stimmungsvolle Betrachtungsweise – realisiert mittels Styling, Requisite, Licht & Kamera – verschmelzen zu ansprechender Stillife-Fotografie mit dem ständigen Lieblingsthema FOOD. Das Fotostudio dankt dem **Wolke-Sieben-Kinderladen** in München für ausgeliehene Stoffe und Lätzchen.

Programmleitung:
Doris Birk

Leitende Redakteurin:
Stephanie Wenzel

Projektleitung und Redaktion:
Alessandra Redies

Lektorat:
Petra Teetz

Korrektorat:
Waltraud Schmidt

Innenlayout, Typographie und Umschlaggestaltung:
independent Medien-Design, München

Satz:
Knipping Werbung GmbH, Berg/Starnberg

Herstellung:
Petra Roth

Reproduktion:
Penta Repro, München

Druck und Bindung:
Printer, Trento

ISBN 978-3-8338-0914-9
1. Auflage 2008

GRÄFE UND UNZER

Ein Unternehmen der
GANSKE VERLAGSGRUPPE